脚がスパッ！ときれいになる

「足ゆび」ストレッチ

斉藤美恵子

青春出版社

はじめに――どうしても太ってしまう原因は、「足指」にあった！

街で見かける美脚の人は、からだもやせていると思いませんか？

「からだが細いんだから、脚だって細いのは当たり前でしょ？」と思った人もいるかもしれません。でも、発想が逆なんです。

下半身をきれいにすると、上半身もやせてくる。つまり、スリムなからだは下半身からつくられる。

これは、レッグ・コンシャリストとして2万人以上の方の脚をケアしてきた私の実体験からわかってきたことです。

何人もの脚をケアする過程で気づいたことは、下半身のなかでも、とくに足の末端、つまり「足指」が大事だということ。

足指の関節をほぐしてやわらかくすることで、やせやすくなるのです。

私の考案した**「足ゆびストレッチ」**を実践して、その日のうちにふくらはぎが1～2cm、足首が1cm細くなった人もいます。


足指はとても重要なのに、私たちはいつも靴をはいているので、足指を使う機会がほとんどありません。

靴の先で足指がちぢこまって固まってしまい、いざ足指を曲げようとしてもまったく動かない人さえいるほどです。


ところが、この足指を意識的に動かしてあげると、足指とつながっている部位も連動してほぐれやすくなります。

そして血行がよくなり、下半身にたまっていた水分やリンパの流れが活発になり、全身がぽかぽかとしてきます。

ためしに今、ちょっと足指を動かしてみてください。
たった1～2分後には血のめぐりが良くなり、からだが温まってくるのを実感することでしょう。

今日から、ちょっとだけ意識して足指を動かしてみませんか？

足指が固まってしまっている人ほど、すぐに効果があらわれて、どんどん変わっていきます。

この本で美脚ときれいなからだを手に入れましょう！

足ゆびストレッチで期待できる効果

・脚のむくみがとれる

・足どりが軽くなる

・歩き方が美しくなる

・からだが温まって冷え性が解消する

・全身のだるさがとれる

・内臓の働きが活発になる

・肌がきれいになる

・足首が1㎝細くなる

・ふくらはぎが1～2㎝細くなる

・ひざ上のぷよぷよ肉がとれる

・ウエストがサイズダウンする

・ワンサイズ小さい靴がはける

・ブーツが楽にはける

・ワンサイズ小さい服が着られる

『脚がスパッ!ときれいになる「足ゆび」ストレッチ』目次

第2章　足ゆびストレッチでやせるヒミツ

第3章　自分のからだの状態を知ろう

第4章 脚がスパッ！ときれいになる足ゆびストレッチ

第5章 座り方、立ち方、歩き方を意識してもっときれいに

第6章　脚にやさしい生活のススメ

イラストレーション／ミヤモトヨシコ
本文デザイン＆ DTP ／ハッシィ

第1章

あなたは足指だけで歩けますか？

《診断テスト》足ゆびウォーキング

あなたの足指をチェック！　次の①～③を試してみてください。

1 まっすぐに立つ。

背すじは
ピンと伸ばす
両手はまっすぐ
おろして、
わきにつける
両足は
そろえる

2 足の指だけを動かす。

顔は正面を向いたまま
ひざは曲げない
両足の指だけを前に動かす。指の関節を曲げるイメージで

3 足指だけで前に進む。

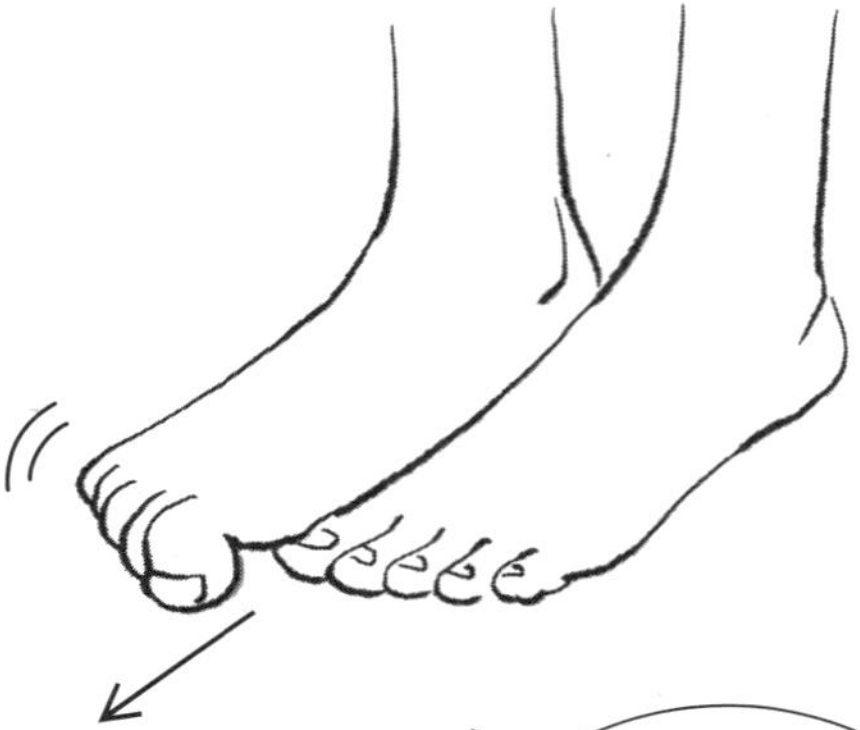
ギュッと地面をつかむように、けりだす。カーペットより、畳やフローリングのほうがおこないやすい

何cm
歩けましたか?

10～30㎝以上歩けた人は

→ A
（P20へ）

数㎜～10㎝未満の人は

→ B
（P21へ）

そもそも足の指が動かなかった人は

→ C
（P22へ）

Aの人は……◎
全身運動ができています！

足指だけで10～30cm以上歩けた人は、すばらしい！　とくに、30cm以上も歩くのは、じつはけっこう大変なんです。そこまで歩けるということは、立派な全身運動ができています。

次は、距離を伸ばしていきたいですね。足指だけで1m歩けることを目標にしましょう。歩けば歩くほど、全身の筋肉を使うので、代謝がアップし、むくみや冷えも解消されます。

ふくらはぎの
筋肉を
鍛えたい！

B の人は……△
脚の筋肉が固まっている！

かろうじて足指の曲げ伸ばしだけはできるようですね。でも、ほとんど前進できないということは、脚の後ろ側の筋肉が固まっている証拠。ふくらはぎの筋肉を鍛えていきましょう。

あるいは、偏平足の可能性もあります。土ふまずがないと、つま先で地面をける「あおり運動」ができません。この場合は、足の甲（アーチ）を鍛える運動が必要になります。

Cの人は……×
足指の関節が固まっている！

まったく動けなかったという人は、残念ながら足指の関節が固まってしまっています。筋肉もほとんど使えていないので、放っておくと筋力低下で脚が太くなる可能性も。

かなりの訓練が必要ですが、逆に考えると、こういう人ほどすぐに、足ゆびストレッチの効果があらわれます！

まずは足指を回す動作（↓P82）から始めていきましょう。

いま、足指を動かせない人が激増しています！

「え〜っ、足の指って動くんですか!?」多くの人が驚きますが、事実です

診断テストの結果はいかがでしたか？

BやCだった……と落ち込んでいる人もいるかもしれませんが、珍しいことではありませんので安心してください。

私はこの「足ゆびウォーキング」を自分の著書や講座などを通していろいろな人に指導していますが、これをできない人がとても多いのです。

教室にいらっしゃる生徒さんたちも、もともと自分のからだに関心がある、意欲の高い人たちばかりなのに、私が「足指だけで歩いてみてください」と言

うと、みなさんキョトンとした顔をします。

お手本を見せても、「どこを動かすんですか？」「どうして動くんですか？」と、とても不思議がります。「足の指を動かしているだけよ？」と答えるのですが、「え〜っ、足の指って動くんですか!?」と、驚くのです。

きっと、意識的に足指を動かそうとした経験がないのでしょう。最初はこうやって驚く人がほとんどです。

「靴をはいた生活」のこんなデメリット

足指の動かし方がわからない。そのいちばんの理由は、ふだん何時間も靴をはいて生活しているからです。

たとえば会社勤めの方なら、通勤時間をあわせて1日に10時間以上は靴をはいて過ごしているのではないでしょうか。その間、足指は靴のなかでちぢこまったまま。自由に動かすことはできません。それどころか、靴のなかで指の形が変形してしまっている人までいます。

ふだん動かすことがないのですから、動かし方がわからないのは当然です。

足指は全身とつながっている！

足ゆびウォーキングでは、ただ足指だけを動かしているように見えますが、じつは全身の筋肉を使っています。

あらかじめ「前屈」をしてから足ゆびウォーキングをおこない、もう一度前屈をすると、からだがやわらかくなっていることを確認しやすいです。

前屈ができない人（いわゆる、からだがかたい人）は筋肉が固まっていることが多いのですが、足ゆびウォーキングをおこなうと全身の筋肉がほぐれるため、驚くほど前屈ができるようになるのです。

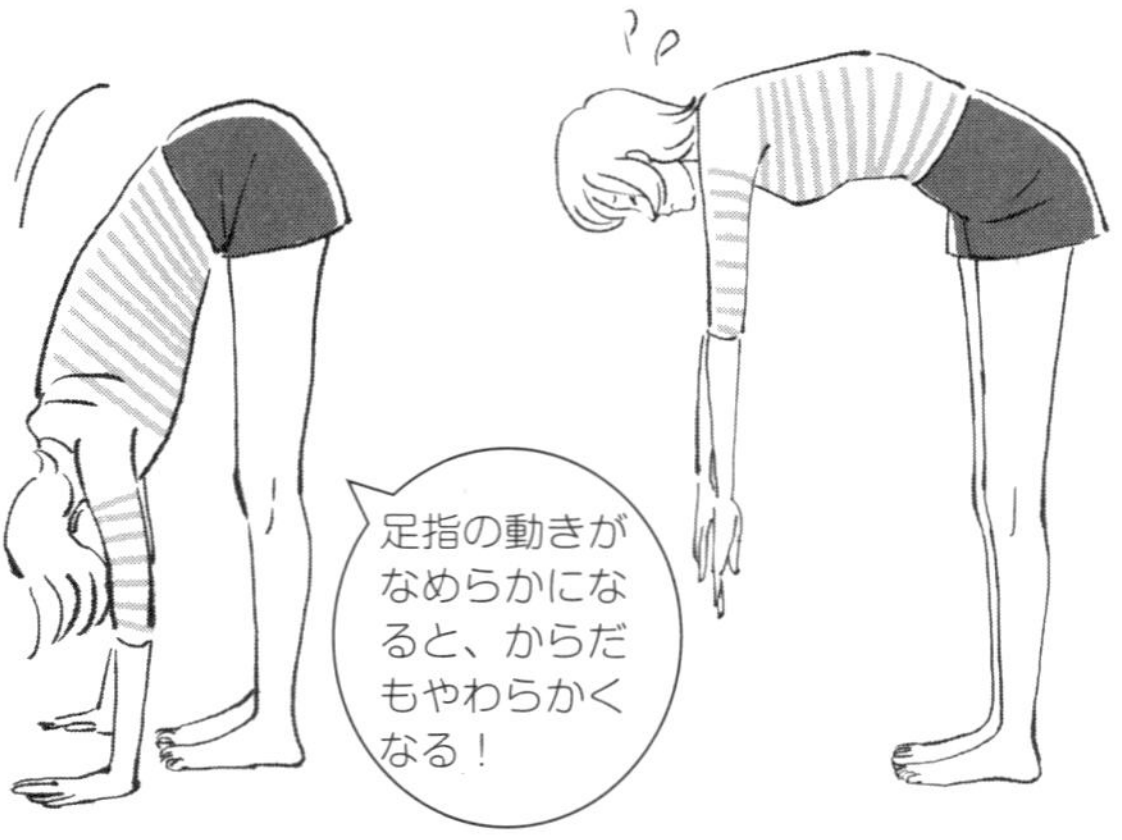
足指の動きがなめらかになると、からだもやわらかくなる！

先日、大阪で講座をひらいたときも、からだのかたい20代の男性にまずは前屈をおこなってもらいました。最初は床に指先すら届きませんでしたが、足ゆびウォーキングで（かなりキツそうに）50cmくらい歩いてもらい、あらためて前屈をしてみると、手のひらがぺったりと床につくように！

「足指しか使わなかったのに、どうして？」と本人は驚いていましたが、これこそ足ゆびウォーキングが全身運動であるという証拠です。

もともと運動する習慣のある人でしたが、もう汗だくだくでした。

脚の悩みにも、新しいタイプが登場しています

「クリームパン足」「コッペパン足」「アンパン足」あなたは大丈夫?

私は女優さんやモデルさんだけでなく、一般のお客さまの脚もたくさん見ています。脚の悩みで多いのは、なんといっても「むくみ」です。むくみと聞いて、ふくらはぎがパンパンにふくらんでいるところを想像した方がいらっしゃるかもしれませんが、近年はほかの部分がむくんでいる人も増えています。

＜クリームパン足＞

最近とても目立つのは、先端がむくんでいる足です。足の甲やふくらはぎな

どはあまり変化がないのに、足の指先だけが〝ぽよん〟という感じでふくらんでいる。まるでクリームパンみたいな不思議な形をしています。

私はこの仕事を30年続けてきましたが、このように先端だけがむくんでいる足を見るようになったのは、ここ数年の話です。何を隠そう、私の娘（20代）もクリームパン足。からだは私より細いのに、つま先だけがひどくむくんでいるのです。

この形の足は、ヒールの高い靴を長時間はいている人や、立ち作業を長時間続けている人に多く見られます。足の先端に老廃物や水分がたまりやすいため、指先だけがむくんでしまうのです。

クリームパン足は、放っておくと、ニオイの原因にもなります。足がむれやすい人、ニオイが気になる人は、いっそう注意が必要です。

＜コッペパン足＞

一方、昔から多いのが、ふくらはぎのむくみです。老廃物や水分がひざ下にたまってふくらはぎがパンパンにふくらみ、まるでコッペパンのよう。このタ

イプの人は、ひざ下の筋肉が弱いため、ふだんから下半身をあまり動かせていません。

コッペパン足の人は、脚がだるくなりがちで疲れやすく、集中力も長続きしません。ふくらはぎのむくみはぜひ解消したいものです。

＜アンパン足＞

足の甲や足裏がぷよぷよとむくんでいる人も少なくありません。やはり老廃物や水分の流れがとどこおっているせいです。足ゆびストレッチをしてこのむくみがとれると、靴がワンサイズ小さくなる人もいます。

足指を使わないと「大人の偏平足」という大問題に

赤ちゃんの足の裏を見たことがありますか？　まっ平らで、大人の足にあるような土ふまず（縦のアーチ）がありませんよね。土ふまずは、自分で歩き出すようになると自然にできてくるものです。

ところが、大人になってから偏平足（土ふまずがない足）になる人がいます。生まれつき偏平足の人もいますが、そうではなく、大人になってから偏平足になるのです。

この原因は、靴で足を保護しすぎてしまっていることや、車での移動が多いせいでほとんど歩かない生活を続けていること。足を使う機会が減るせいで、土ふまずがなくなってしまうのです。

大人になってからの偏平足は、あなどれません。つま先で地面をける「あおり運動」ができず、つねにペタペタ歩きになってしまい、ふくらはぎなどの筋肉が弱くなって、からだ全体の動きが悪くなります。血流も悪くなり、からだが冷えやすくなります。

さらに、かたいアスファルトを歩くときは土ふまずがないと衝撃が吸収できません。骨や内臓が直接衝撃を受けて、からだに悪影響が出てしまいます。最悪の場合、歩行困難になることさえあるのです。

ちなみに、小さい子どもはまだ土ふまずが完成されていないので、しっかりしたアーチを築くためにも靴で保護しすぎないほうがいいでしょう。

足指が自由になるという意味では、はだし＋ぞうりが理想的です。

そもそも、どうして脚はむくむのか？

むくみの正体は、余分な〇〇……
ひざ下は血流がとどこおりやすい

脚がむくむ原因には、さまざまな説があります。

よく知られているのは、代謝が悪くて水分や老廃物がたまるせいでむくむ、というもの。

からだのなかでは血管やリンパ管を通して水分や栄養分、老廃物が行き来していて、血液やリンパが小川のようにさらさらと流れているときは、やりとりがスムーズにおこなわれます。

でも、運動不足や栄養不足、冷えなどによって代謝が悪くなると、血液やリ

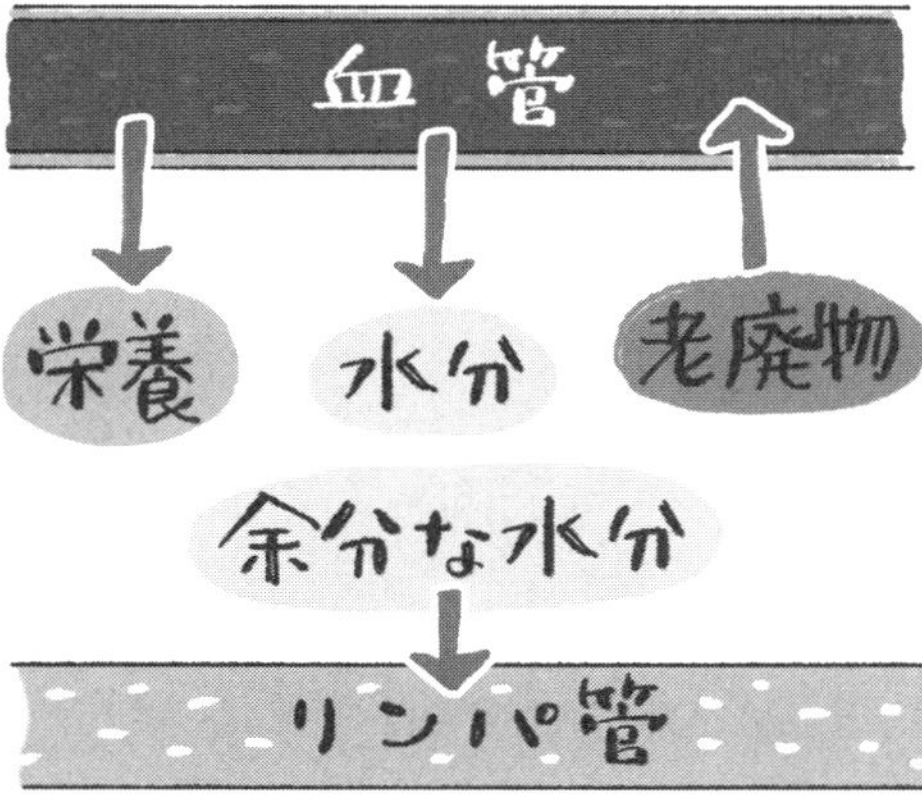

ンパの流れがとどこおってしまいます。そして、余分な水分や老廃物がからだにたまっていく。これが、むくみの正体です。

血液は心臓のポンプによって体内をめぐっていますが、脚（とくにひざ下）は心臓から遠いので、流れが悪くなりがちです。

そこで、ふくらはぎなどの筋肉がポンプの力を補って、血液を心臓に返しています。脚は「第2の心臓」と言えるくらいに重要な役割を果たしているのです。

むくみで脚が太く見えることほどもったいないことはない

脚はおもに骨と筋肉でできていて、本来はウエストまわりや上半身のように脂肪がつく部位ではありません。そのため、むくみがとれたら誰でも脚はひとまわり細くなります。

よく「若い人はむくまない」「年をとるとむくむ」というイメージがあるようですが、実際は違います。脚の筋肉がほどよくついている人はむくみませんし、逆に筋肉が弱っていれば、若い人でも脚がパンパンにふくらんでしまいます。

むくみで脚が太く見えることほどもったいないことはありません。

「足指って動くんだ！」「関節や筋肉が大事なんだ！」と自分でしっかり自覚して、動かそうと意識するだけでも、どんどん変わっていきますよ。

足ゆびストレッチで期待できる効果

からだや脚

・全身のだるさがなくなる。これがいちばん顕著な効果

・からだ全体が目覚めて、すっきりした感じになる

・からだ全体がやわらかくなって、動きやすくなる

・脚のだるさや重い感じがなくなり、脚全体が軽くなる

・スムーズに歩けるようになる

・歩いても疲れにくくなる

・ふだん筋肉が使えていない人は、筋肉痛が起きたり、足がつることもある。これは筋肉をちゃんと使えた良い証と考えて

足ゆびストレッチで期待できる効果

姿勢や体温

・気持ちが前向きになり目線が上がる

・目線が上がると、自然に歩幅が大きくなり、美しい歩き方になる

・肩がひらいて、背すじが伸びる。まるでしぼんでいた植物が花ひらくような感じ

・代謝が上がり、血流がよくなって、カイロで温めたように足がポカポカする

・お風呂に入った後のようにからだ全体が温まる

・足指を動かしただけで、すぐ汗ばむ

・ふだん汗をかかない人が、健康的な汗をかくようになる

・からだが冷えない。冷え性が改善される

第2章

足ゆびストレッチでやせるヒミツ

やせる第1ステップ、「関節」ほぐし

からだにある関節は約400個！
1つが固まるとほかの関節にも負担が

「足指って動くんだ！」
そのことが実感できたら、次は、固まっている足指の「関節」をほぐしていきましょう。

人間のからだは約400個もの関節で支えられています。下半身にはとくに大きな関節があります。それぞれの関節が連動しあうおかげで、人はなめらかな動作をとることができるのです。

そこで1か所でも関節が固まってしまうと、ドミノ倒しのようにほかの関節にも負担がかかります。全身のバランスをとるためにも、関節の1つ1つをほぐすことが大事なんですね。

とはいえ、生活習慣や姿勢の悪さ、歩き方のくせなどによって、からだに不具合が出てきます。

たとえば、ずっと同じ姿勢でパソコンに向き合っていると、肩や腰がこってきて、そのまま放置すると筋肉がかたくなり、まわりの関節も動きづらくなります。その状態が長く続くと、肩こりや腰痛になったり、骨格がゆがんだりします。

立ちっぱなし、座りっぱなしはもちろん、猫背になってパソコンの画面をながめたり、いつも同じ側でバッグを持ったり……といった何気ない生活習慣から、からだに悪影響が出るのです。

歩き方のくせも、からだに負担をかけます。たとえばペタペタ歩きでは関節がほとんど使われませんし、筋肉も刺激されませんので血行が悪くなりがちです。

運動しない、靴をはく時間が長い……
そんな生活で、どんどん足指がさびていく

関節が固まったからだは、ちょうどさびついたブリキ人形のよう。そのままにしておくと、ますますサビがひどくなります。

とくに足指は、関節が固まりやすいので要注意。

靴の先でちぢこまっている足指を想像してください。靴のなかで何時間も固定され、帰って靴を脱いでからも何もケアせずにいると、ますます固まりがひどくなり、カチコチになっていく一方です。

美脚ときれいなからだをつくるには、そうやってふだん使っていない足指の関節を「動かそう！」と強く意識することから始まります。

関節にはさまざまな種類がある

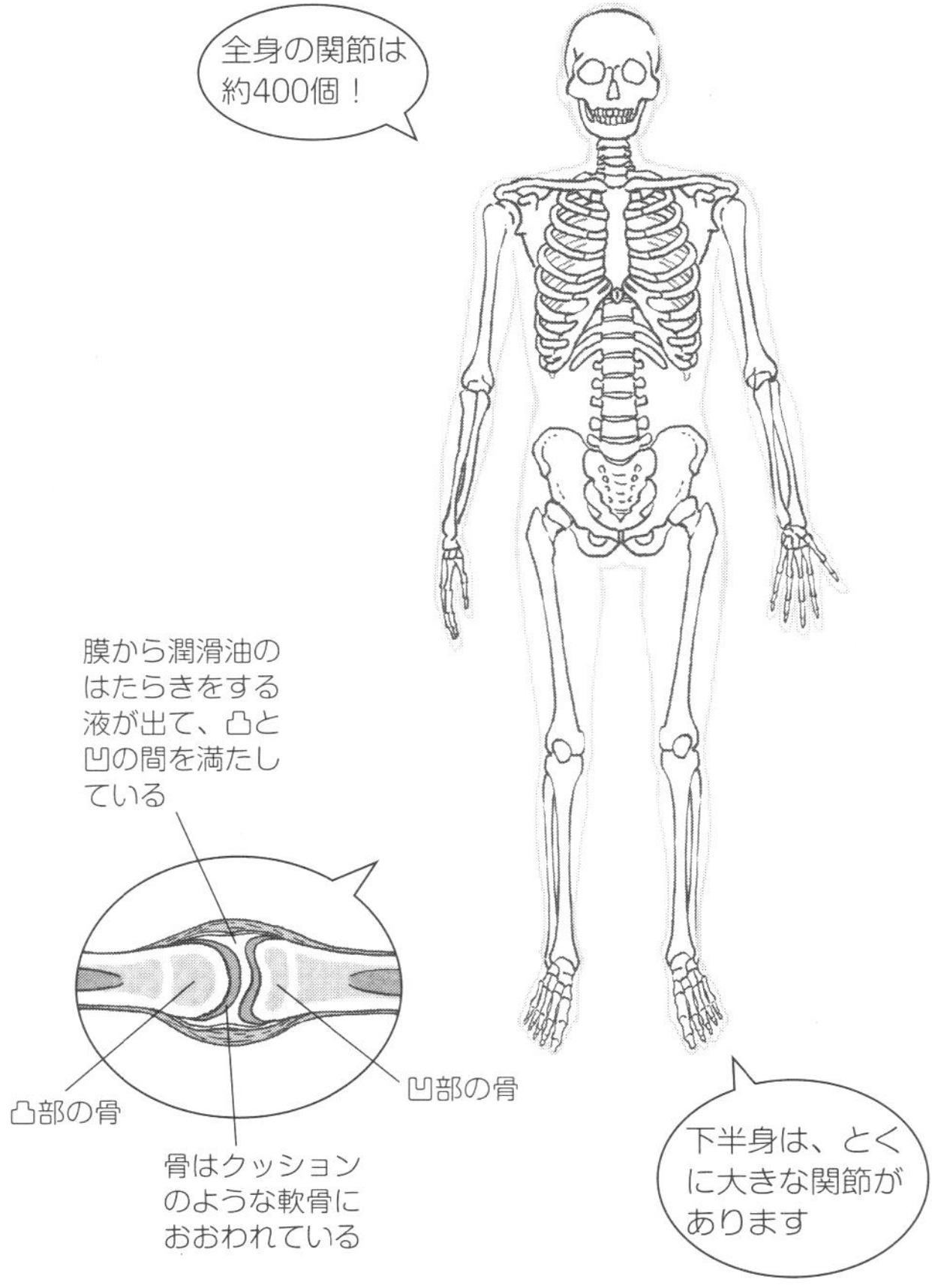
全身の関節は
約400個！
膜から潤滑油の
はたらきをする
液が出て、凸と
凹の間を満たし
ている
凹部の骨
凸部の骨
骨はクッション
のような軟骨に
おおわれている
下半身は、とく
に大きな関節が
あります

回す、振る、引っぱる、伸ばす……これだけの動作でも効果てきめん

関節を動かすといっても、激しい運動をする必要まではありません。足指を「回す」「引っぱる」、足首を「伸ばす」、ひざを「振る」といったシンプルな動きでじゅうぶん効果が出ます。

それぞれの関節には、動かせる範囲（可動域）がありますので、可動域をめいっぱい広げられるよう、まんべんなく動かすようにしましょう。

とくに、オフィスで椅子に座りっぱなしのとき、立ちっぱなしのときは血行が悪くなりやすいですが、これらの動作を1つだけでもおこなえば、関節の状態はまったく違ってきます。

「今、私は固まった足指の関節を回している」「固まったひざの関節を振って

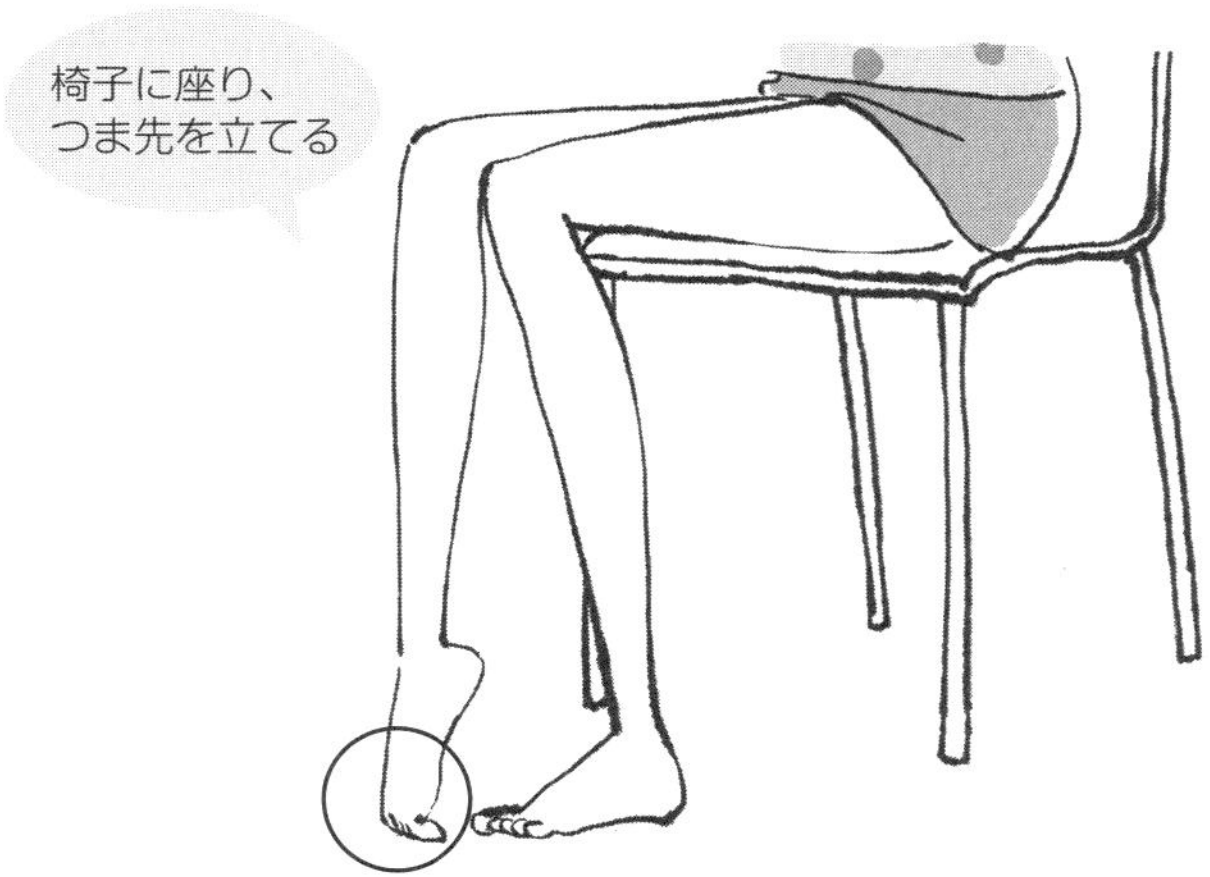
椅子に座り、
つま先を立てる

いる」など、どの部位をどうしているのか意識しながら動かしてあげてください。

いちばんすぐに出る効果は、血行がよくなること。

ためしに、ここで足指を曲げてみましょう（詳しい方法はP119参照）。1〜2分後には、からだがぽかぽか温まってくると思います。

こういったストレッチを習慣化すれば、余分な水分や老廃物がどんどん流れていくので、全身のだるさや重い感じがとれてスッキリしてきます。

からだの関節に良い習慣、悪い習慣

こうして関節は固まっていく……
生活習慣をチェック！

関節が固まってしまう原因を、もう少し詳しく見ていきましょう。

①関節に余分な負担がかかること

これがいちばん大きな要因です。たとえば、日ごろ関節を動かしていればやわらかいままですが、運動不足になるとかたくなってさびついていきます。筋力も弱まり、関節にかかる負担が増えていきます。

②立ちっぱなし、座りっぱなしの仕事

脚や腰だけで上半身を支えることになり、下半身の関節に負担をかけます。

③ハイヒール

これも、人によっては関節が固まる原因になります。筋肉の少ない人がハイヒールをはくと、どうしても足どりが不安定になり、歩幅が狭くなるので、足首やひざの関節がほとんど使われなくなるのです。

④姿勢の悪さ

パソコンやスマホを長時間使っていると、上半身の筋肉が緊張してきて、関節のスムーズな動きをさまたげます。

⑤荷物を片側だけで持つ

重いバッグや荷物をからだの片側だけで持つのも、からだの一部に負担がかかり、関節がかたよった状態で固定される原因になります。

⑥からだの冷え

これも関節にとっては大敵です。しかも冷房による冷えは全身の体温を下げ、血行を悪くするので要注意。

⑦細い靴やとがった靴

こういった靴をはいていると、足先が圧迫されて足指の関節が固まり、それが全身にも影響してきます。

ただ無意識に生活しているだけで、からだはこんなにも悪影響を受けているんですね。

足指から骨盤まではこのようにつながっている

足指には、1本につきそれぞれ1~3個の関節があり、地面をつかんだり、けり上げたりする役目をはたしています。また、下半身には「足首」「ひざ」「股関節」「骨盤」の4か所に大きな関節があります。

それぞれの関節が連動しあって、複雑な動作をなめらかに生みだしているので、どれか1つが固まっても、ほかの関節に影響が出てしまうのです。

関節にはさまざまな種類がある

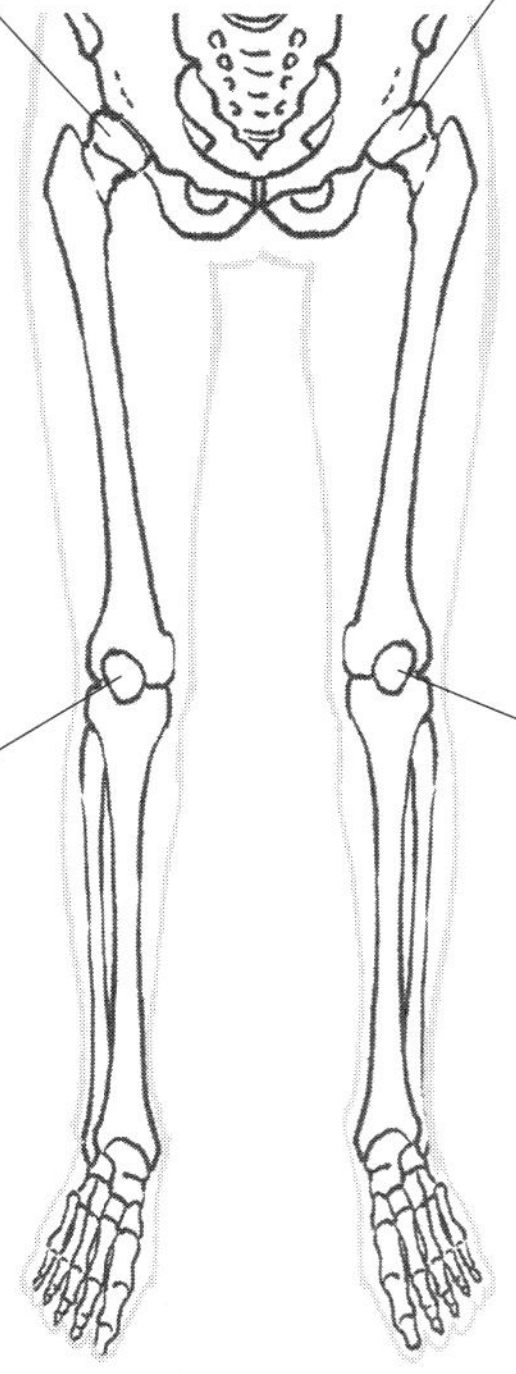
肩と股関節はぐるぐると回すことができる「球関節」
股関節
下半身と上半身を結ぶ要になる重要な関節。大《だい》腿骨《たいこつ》と骨盤をつないでいて、体重を支え、動きの中心ともなる。
ひざとひじは一方向にだけ曲げ伸ばしできる「蝶番《ちょうばん》関節」
ひざの関節
大腿骨と脛骨《けいこつ》・腓骨《ひこつ》を結ぶ。この関節があるおかげで、立ったり、歩いたりできる。

足指の関節が固まると、負の連鎖が起こります

症状はさまざまでも、原因は1つずばり、関節の固まり

私たちは2本脚で立って生活していますから、重力の法則で、どうしても水分や血液、老廃物が下半身にたまりがちになります。関節に負担がかかってゆがんだりかたくなったりして血行が悪くなると、その影響をもっとも受けるのが足です。

とくに、ふだんから足指が固まっている人は、足の先端だけがむくむクリームパン足になります。

また、足指と連動している「足首」も、水分がたまりやすい部位の1つです。足首の関節が固まると、次はひざに負担がかかります。

そして、ひざが自由に動かないために、股関節がゆがんできます。

さらに、股関節がゆがむと、からだ全体のバランスがくずれるので、足指や足首に負担がかかり、ますます動かなくなる……という負の連鎖が起こります。

そしてからだ全体がかたくなってしまうのです。

内股歩き、小股歩きでいいことは1つもありません

最近、街でP51のイラストのような女性の姿を多く見かけます。

ヒールの高い靴をはいているために足元が安定せず、内股になり、小股でぴょこぴょこと歩いています。

ひざはゆがみ、骨盤がひらいてしまい、重心が外側に傾いています。こうい

う人の靴底を見ると、外側だけがすり減っていることがほとんどです。

おしゃれをしたい気持ちもわかりますが、ヒールの高い靴は関節に悪い影響しかありません。

まず、高いヒールをはいていると、歩幅が狭くなり、ひざ下だけでぴょこぴょこと歩くようになります。

本当は大股で歩いて骨盤も動かすほうがいいのですが、ヒールをはいて大股で歩ける人はほとんどいません。

小股歩きでは、どうしても動きがにぶくなり、ひざが曲がってしまいます。ひざが曲がっていると、ひざ裏にあるリンパ節が押しつぶされた状態になるので、ひざ下の血行が悪くなります。

そして、ひざ上にぷよんぷよんの肉がつくのです。

この肉があると、ひざの骨が隠れてしまい、ひざ下が実際より短く見えてしまうという悲しい現象が起きます。

理想的な歩き方は、ひざをしっかり伸ばして、大股で歩くことです。そうすれば骨盤も連動して動き、内臓が刺激されて代謝が上がり、ダイエット効果が期待できます。

鍛えたいのは脚のこの筋肉！

関節をほぐすことと同様に大事なのが、脚の筋肉をほどよく鍛えることです。脚の筋力が弱いと、関節の動きもにぶくなってしまいます。

まずは、ふくらはぎの筋肉「下腿三頭筋《かたいさんとうきん》」を鍛えましょう。ここがキュッと締まると、ポンプの働きをして、ひざ下にとどこおっている血液やリンパを上半身に押し上げてくれます。

また、太ももの裏側にある「ハムストリング」や、内ももにある「内転筋《ないてんきん》」、前ももにある「大腿四頭筋《だいたいしとうきん》」も、足を動かすときに使う大事な筋肉です。

脚の筋肉で鍛えたいのはココ！

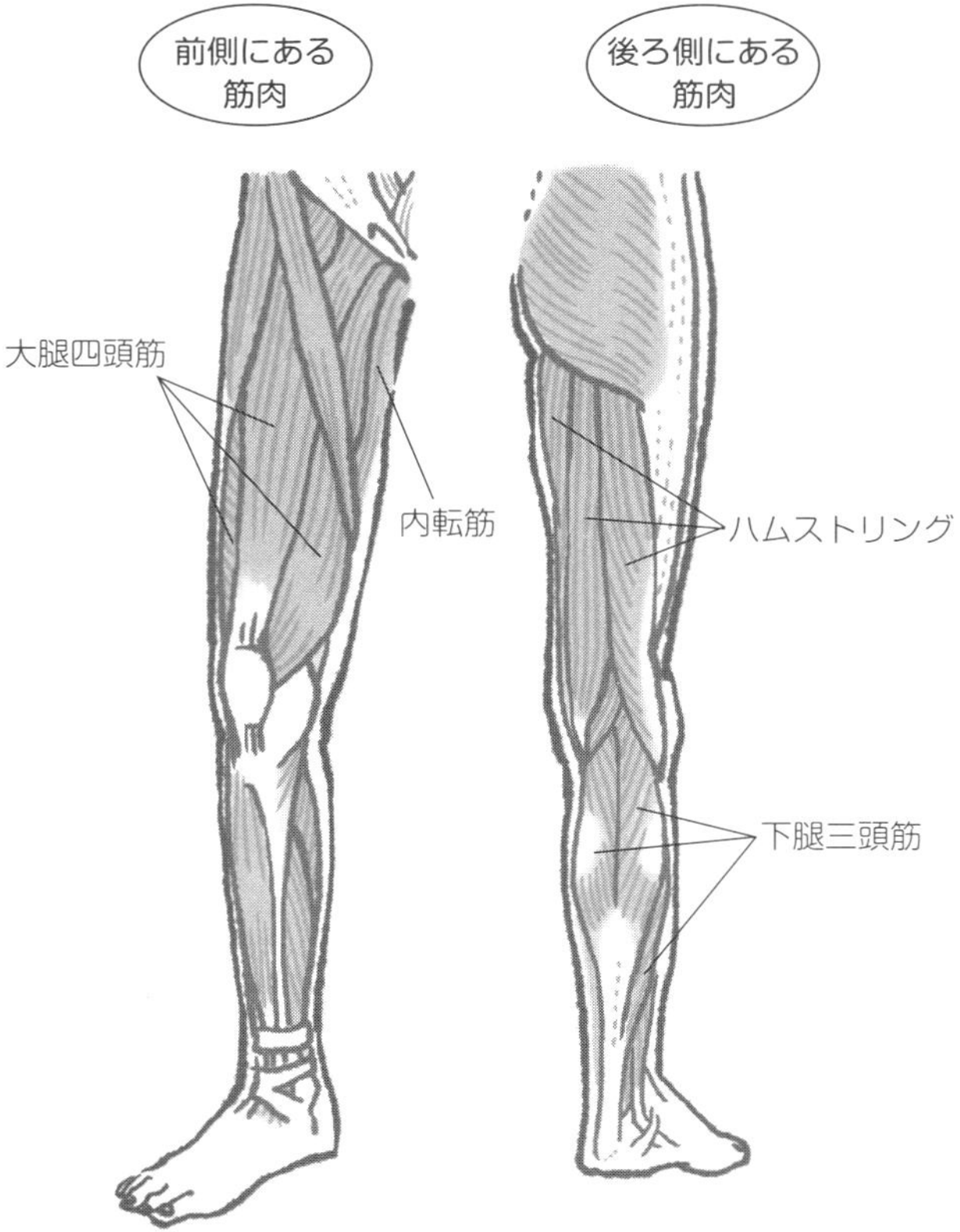
前側にある
筋肉
後ろ側にある
筋肉
大腿四頭筋
内転筋
ハムストリング
下腿三頭筋

足指の関節をほぐすことで、正の連鎖が起こります

足指美人は
からだのなかから美しい

靴を長時間はいていると、つま先が自由に動かせないので、足指の関節が固まってしまいます。

そこで、まず足指をほぐしてあげると、連動して足の甲や足首の関節がスムーズに動くようになります。

足の先端から順に関節がほぐれていく様子を、詳しく見ていきましょう。

①脚の各関節の動きがなめらかになる

足指の関節がほぐれてやわらかくなると、足の甲や足首の関節がスムーズに動き、次はひざがなめらかに動くようになります。

ひざをしっかり曲げて歩けるようになり、歩幅が大きくなります。ひざがゆがんでいた人も修正されるので、O脚やX脚が改善できます。

ひざがきちんと使えているということは、股関節も使えているということ。股関節の動きがなめらかになって、無理なく上半身が支えられるようになります。

②筋肉も連動してほぐれる

関節がきちんと動くと、関節をとり囲んでいる筋肉も一緒に動くことになります。

つまり、関節を動かすことで筋肉の強化にもなっているのです。

ただし、筋肉の鍛えすぎには注意を。ジムなどで筋トレをやり過ぎると、筋肉がついて脚が太くなります。

筋肉の弱ったぶよぶよの脚も美しくありませんが、筋肉がつきすぎた脚も考えものですから、ほどほどを心がけて。

③血液やリンパの流れが促進される

関節や筋肉がきちんと動くと、血液の流れがよくなります。

同時に、リンパの流れもよくなり、余分な水分や老廃物がどんどん流れるの

で、むくみが解消されます。

④内臓や細胞の働きも活発化する

血液やリンパの流れが活発になれば、からだ中の細胞に新鮮な酸素や栄養が届きます。

老廃物がどんどん排出されて、細胞がきれいになります。

すると、内臓の働きがよくなって、本来持っているからだの機能が高まります。

ホルモンの分泌が活発になり、消化吸収もよくなるので、健康的なからだに近づきます。

⑤全身の代謝が良くなる

血のめぐりやリンパの流れが活発になると、代謝が上がって、脂肪の燃えやすいからだになります。

代謝が上がるということは、取り込んだ栄養をどんどん分解して消費するということですから、余分な脂肪はたまりません。

食べたものがエネルギーになって効率よく消費される理想的な体質に近づきます。

⑥全身がみるみるきれいに大改造される

こうして全身の代謝が良くなると、全身の細胞が活性化してくるので、冷えやむくみが解消され、健康的なからだになります。

このように見ていくと、脚という部位は美容だけじゃなく健康にも大事であることがわかりますね。

『長生きしたけりゃふくらはぎをもみなさい』（アスコム）という本がブームになりましたが、ふくらはぎをもむ治療法そのものは、昔から一般に知られていました。脚が健康に直結していることを、昔の人は体験的に知っていたのでしょう。

さらに、今は「ロコモティブシンドローム」にも注目が集まり、関節と筋肉の大事さが浮きぼりになっています。最近は、若い人でも静脈瘤に悩む人が多いと聞きます。

静脈瘤になると、脚がだるい、重いと感じたり、むくみがひどかったり、血管がふくらんで浮き出て見えたりします。血行の悪い脚や、代謝が悪い脚、むくんだ脚をそのままにしておくと、静脈瘤ができやすいです。

美容だけでなく健康のために、という意味でも、脚は大切な場所なんですね。ふだんから意識して脚を動かすことを習慣にしていきたいものです。

とくに、足指をまったく動かしていない人は要注意。お風呂に入ったときに、ちょっと足指を動かしたりさすったりして、いたわってあげるだけでも違います。

第3章

自分のからだの状態を知ろう

今の自分がわかるとケアの仕方が見えてくる

自分の脚を徹底的にチェック
太り方のタイプを見つけよう

細くてまっすぐな「美脚」を見ると、ついうらやましくなりますよね。

でも、だれだって、バランスのよい美脚を手に入れることは可能です。

それにはまず、「自分の脚はいったいどうなっているのか？」に気づくことが大事でしょう。

あなたの脚は太めですか？　細めですか？

あるいはゆがんだり、固まったり、むくんだりしていませんか？

脚の状態をチェックしてみて、その原因はどこにあるかを見つけましょう。

原因によって、どの部分をどのようにケアすればいいかが異なります。

からだは動くようにできている 動かせるパーツは意識して動かそう

P16の診断テスト（足ゆびウォーキング）を試してはじめて「足指って動くものなんだ！」と気づいた人は、これまで「自分の脚は普通」「気にするほどではない」と思っていたことでしょう。

からだを動かせるようになるということは、もともとからだのパーツが、動くようにつくられているということ。それなのに、ずっと動かさないままでいると、からだはさびつく一方です。

大切なのは、「からだのパーツって動くものなんだ」と意識して、しっかりと使ってあげること。

それが美脚、しいては美しいからだへの第1歩となります。

Check 1

《脚のゆがみチェック》

両脚をそろえて5点がくっつく？

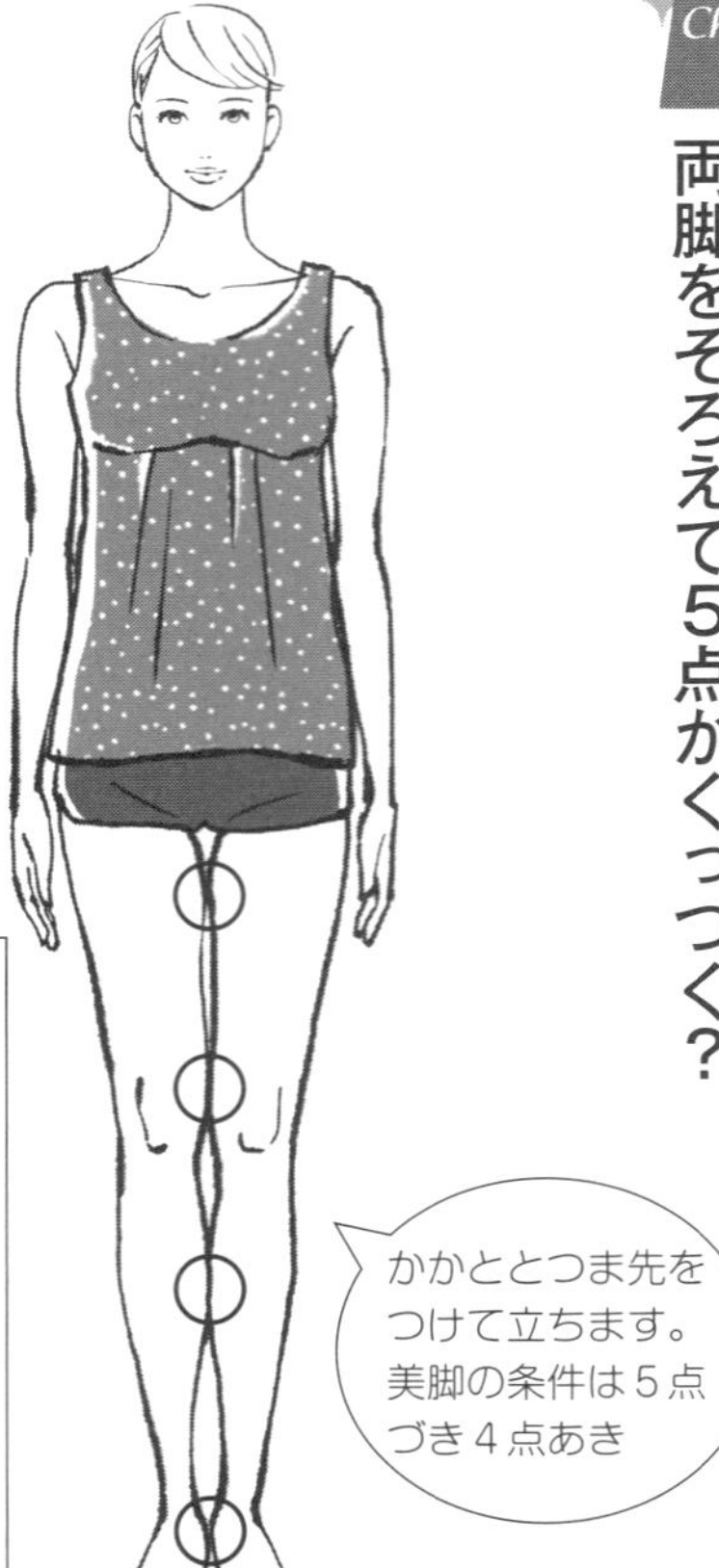
かかととつま先をつけて立ちます。美脚の条件は５点づき４点あき

どれか1点でもくっつかない人はO脚です。ひざだけくっつく人はX脚。太ももがぴったりくっついてしまう場合は脂肪太りです。

Check 2

《脚のゆがみチェック》
股関節を回せる？

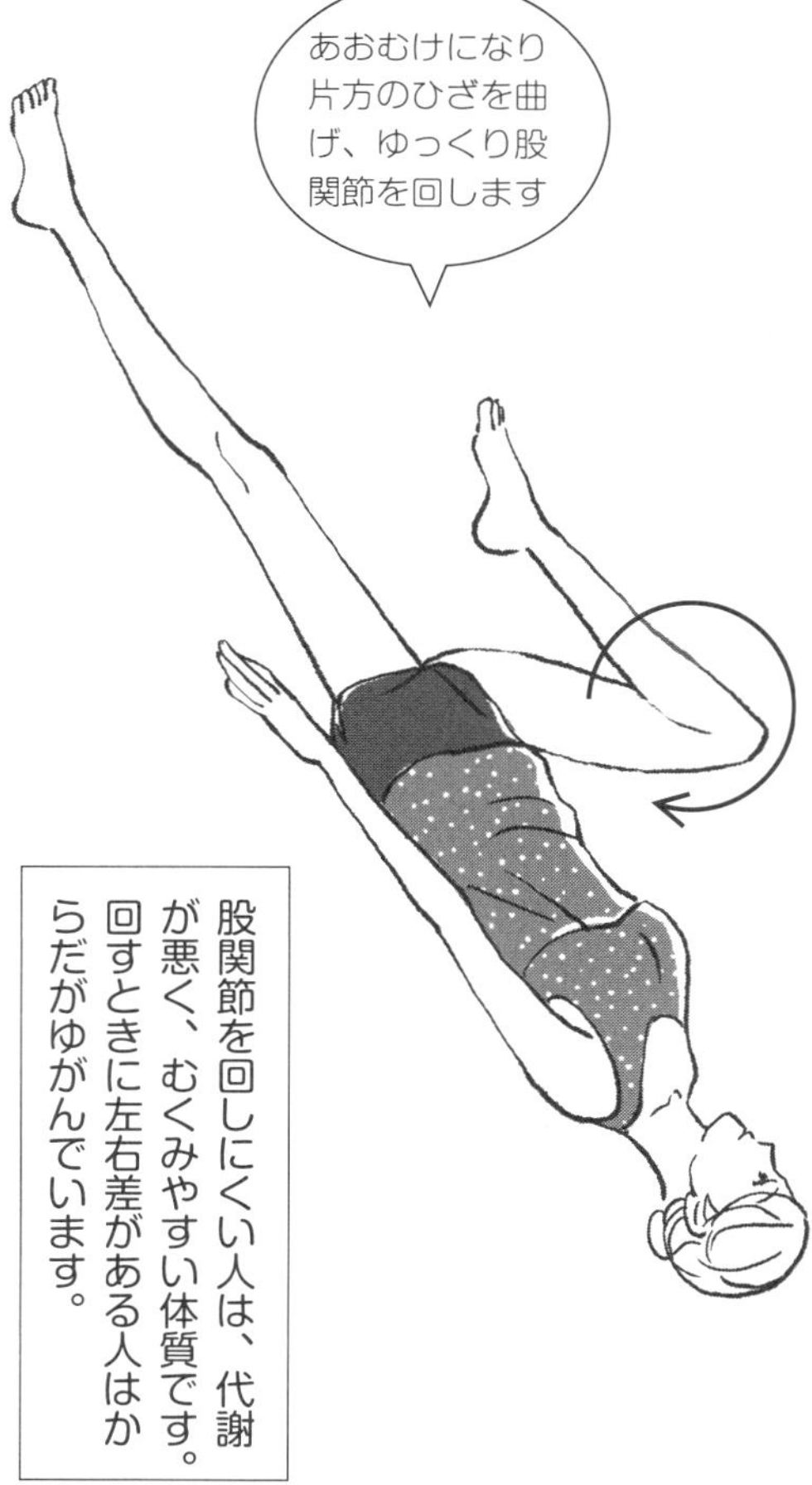
あおむけになり
片方のひざを曲
げ、ゆっくり股
関節を回します

股関節を回しにくい人は、代謝が悪く、むくみやすい体質です。回すときに左右差がある人はからだがゆがんでいます。

Check 3

《足首の固まりチェック》

つま先を上げて立てる？

ふくらはぎにピリピリ痛みを感じても、ひざを曲げずにまっすぐ立てればOK。厚みが5㎝以下でもひざが曲がる人は問題ありです。

電話帳などの厚みのある本に、つま先を乗せる
5㎝

Check 4

《ひざのゆがみチェック》

ひざをまっすぐ伸ばして座れる？

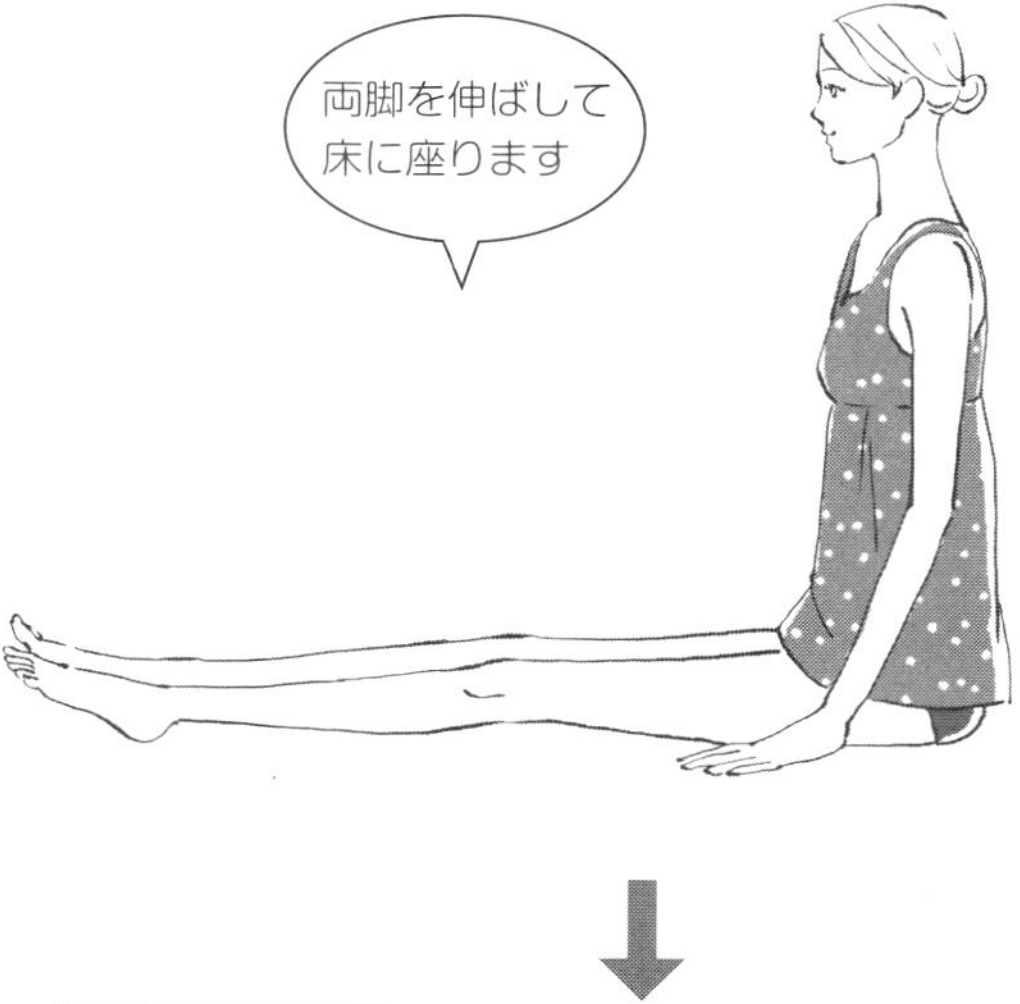
両脚を伸ばして
床に座ります

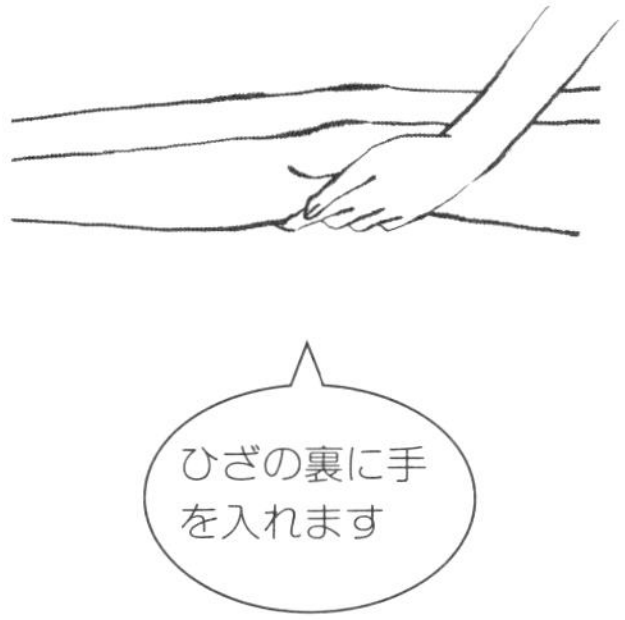
ひざの裏に手
を入れます

手が入る人は、ひざが床から浮いている状態。ひざが曲がって固まっています。歩幅が狭いことなどが原因です。

Check 5

《脚のむくみチェック》

何個あてはまる?

□冷え症である
□夕方になると靴がきつくなる
□トイレは遠いほうだ
□脚全体がぽっちゃりしている
□お風呂では湯船につからず、シャワー派である
□靴下を脱いだら跡がついている
□足の甲のお肉がつまめる
□足首が太い
□足の指をひらいたり閉じたりできない

2個以上当てはまる人は、むくみ太りタイプ。水分代謝が悪く、余分な水分が下半身にたまっています。まずは代謝の改善を。

Check 6

《筋肉太りチェック》

何個あてはまる?

□太ももやふくらはぎの筋肉が外側に張り出している

□左右の脚の太さや形が違う

□特定のスポーツをしている

□ふくらはぎの筋肉が張ってかたくなっている

□運動後のケアを省いて、すぐにほかのことをはじめがち

□営業職である

□立ち仕事をしている

□自転車通勤(通学)をしている

□以前にスポーツをしていたことがある

2個以上当てはまる人は、筋肉太りタイプ。まずストレッチなどで筋肉をほぐしてあげることが大事です。

Check 7

《脂肪太りチェック》
何個あてはまる?

- □全身がぽっちゃりしている
- □体脂肪率が高い
- □足首のいちばん細い部分の肉を、指でつまむことができる
- □ひざ上の肉を、指でつまむことができる
- □運動は苦手で、家でじっとしていることが多い
- □両脚をつけて立つと、隙間がほとんどできない
- □エスカレーターやエレベーターを使いがち
- □ほかの人より食べるのが速く、量が多いと感じる
- □歩くよりタクシーや車に乗ることが多い

2個以上当てはまる人は、脂肪太りタイプ。食事制限では脚の脂肪を落とせません。簡単な運動からはじめましょう。

ダイエットは「3か月」続けることを目標に

3か月後に目標を達成したら
あなたは何をしたい？

「絶対にやせる！」

そう誓っても、人間のモチベーションはあまり長く続かないのが現実です。

どんなにがんばっても、せいぜい3か月ぐらい。それまでに何らかの結果がでないと、心が折れてしまいます。

そういった心のしくみをわかったうえで、うまく目標を立てることがダイエットを成功させるコツといえます。

たとえば、私の教室にいらっしゃる生徒さんのなかには
「3か月後にはくために、ワンサイズ小さいスカートを用意しています」

「3か月後にパーティをひらくことにしています」

「同窓会が3か月後にあるので、それまでにやせます」

と宣言する人もいます。


「ダンスの発表会にミニドレスを着る予定です。脚に自信がないのでがんばってやせて、ドレス姿をみんなに披露します」

といって、がんばった人もいます。実際にミニドレスを着た写真を見せてもらい、すてきな姿に変身していて、「すごい!」と驚きました。

どちらかというと少し曲がった太めの脚の持ち主だったのですが、その足がすっと伸びて、ミニ丈がよく似合っていました。

大好きな女優の写真を鏡の横に置いて、

こんなふうに
すてきな姿になる!

「自分も絶対こんなふうにすてきな姿になる」

と、鏡をのぞくたびにイメージする作戦も、意外に効果があります。私は成功した例をいくつも見ています。

あなたも3か月間モチベーションを保つために、具体的な目標を1つ決めてみましょう。

絶対にがんばりたい！という切実な目標を設定できれば、すでに半分は成功したようなものです。

言い訳する前に目標を立てて
いまから始めよう

ときどき、「いまはちょっと忙しいんです。この仕事が終わったらはじめようと思います」と言い訳をする人がいます。

こういう人は、「明日からやります」「今週は予定があるから、やっぱり来週から……」と先のばしにしがちで、いまの姿から抜け出すことは難しいでしょう。

まずは具体的な目標を立てて、とにかく始めてみましょう。

そしてマイナス１cmでも結果が出たら、そこから増やさないこと。自分の全身をいつも鏡でチェックして、「最高に美しい自分」を追求してください。

足ゆびストレッチで期待できる効果

からだのサイズ

・即日、足首マイナス1㎝。足首はいちばん効果があらわれる

・即日、ふくらはぎの下の部分がマイナス1～2㎝。ここは水がたまっている人が多いので、細くなりやすい

・ワンサイズ小さい靴がはける

・ブーツが楽にはける

・パンツやスカートのウエストがゆるくなる。スカートがくるくる回るようになる人も

・パンツの左右のすその長さが同じになる

・服のサイズがワンサイズ小さくなる

足ゆびストレッチで期待できる効果

精神面

・気持ちが前向きになる

・人生が楽しくなる

・からだのバランスがよくなるので、おしゃれが楽しめるようになる

・自分に自信が持てる

・人前に出るのが苦にならなくなる

・交遊関係が広がる

・歩く姿が美しくなり、まわりから「きれいになったね」と言われる

・物事をポジティブに考えられるようになる

・集中力が高まって、仕事や勉強の効率が上がる

・運が向いてくる

第4章

脚がスパッ！ときれいになる足ゆびストレッチ

どれか1つだけでも効果あり

続けるための目安は
1日5分くらいで終わらせること

さて、これから足指をメインに、下半身のいろんな部位のストレッチの仕方を紹介します。

始める前にまず、いちばん大事なことをお伝えしましょう。
それは、毎日「続ける」ということ。当たり前のようですが、肝心なことです。続ければ、効果は足し算になります。でも、今日は疲れちゃったから……と止める日があると、引き算どころか最初のゼロ地点までリセットされてしまいます。

続けることのほうが大事なので、負担にならない量をおこないましょう。時間でいえば、1日5分くらいでじゅうぶんです。

もちろん全部のストレッチをおこなうのが理想的ですが、どれか1つだけでも効果が出ます。その日やりたいものを選べばいいんです。

実践するタイミングは「いつでもお好きなときに」

「いつおこなうのが、より効果的ですか？」

といった質問をよく受けます。

答えは、「いつでもお好きなときに」です。

お風呂のお湯をためている間でも、お風呂のなかでも、夜寝る前でも、起床後すぐでもいいでしょう。

昨日は寝る前にやったけど、今日はお気に入りのテレビがある日だから、テレビを見ながら足ゆびストレッチをやろうかな、といったように、その日の気分で変えてもらってかまいません。

道具にこだわるよりも「やってみること」「続けていくこと」を優先させて

必要な道具は左のページのとおりです。

部屋が狭くて寝転ぶスペースがベッドしかないという場合は、できればスプリングのきいたふわふわのベッドは避けたいところ。

でも、どうしてもそこしかない場合は、仕方ありません。

まずはやってみることが大切ですから、そのベッドでチャレンジしましょう。

こんなに使える！　家のなかにあるもの

椅子
安定したかたい椅子が理想的。やわらかいシートはおしりが沈み込むのでNG

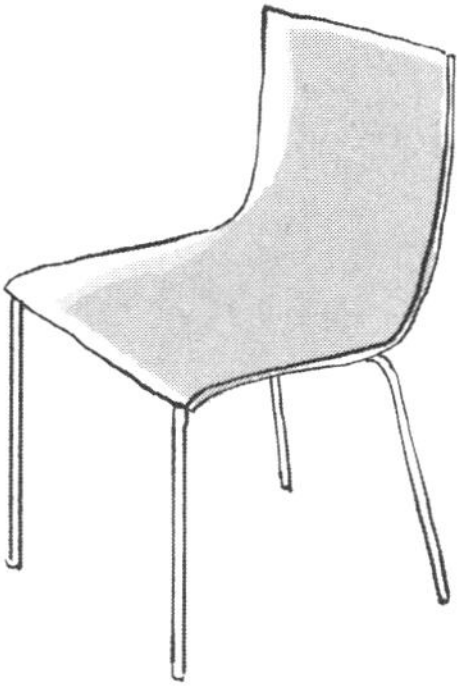

ゴルフボールやマジックペン
ツボをギュッと押すのに使う。調味料のびんで代用するのもいいでしょう

ヨガマット
フローリングに敷くなら厚さ5～8mm。畳やじゅうたんの上なら3mmでもOK。厚めのベッドパッドなどを利用する手もあります

まずは関節をゆるゆるに

足ゆびストレッチ①

・足指の関節をほぐす。
・足指の可動域（動く範囲）を広げる。

①足の指をつまむ。

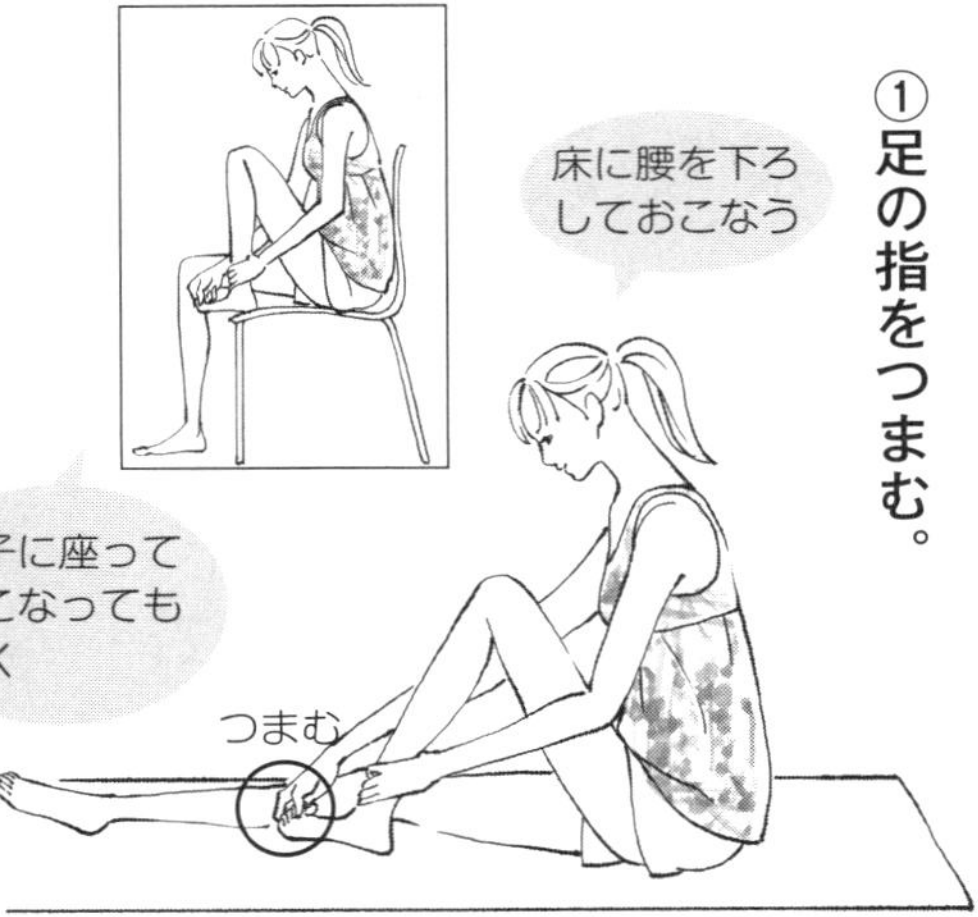

床に腰を下ろしておこなう
椅子に座っておこなってもOK
つまむ

②指を回す。

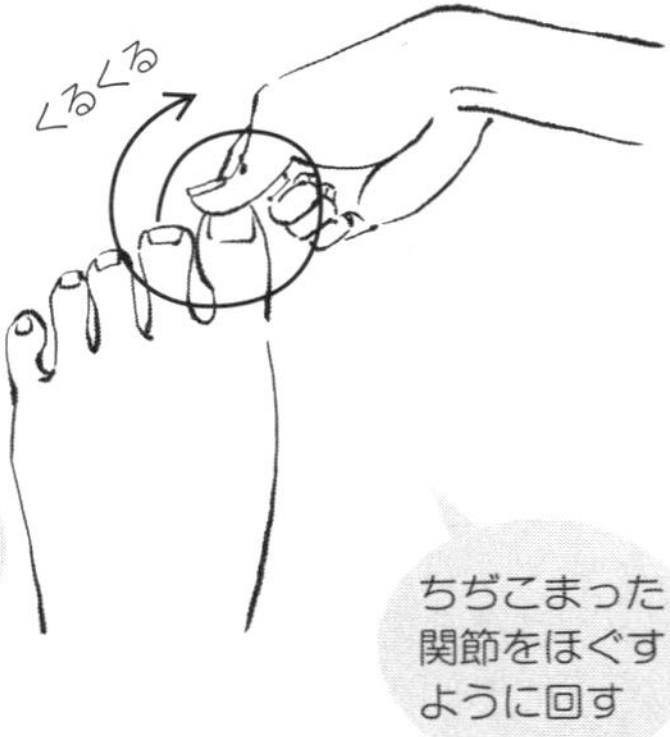

くるくる
指1本につき5回転
ちぢこまった関節をほぐすように回す

③指を引っぱる。

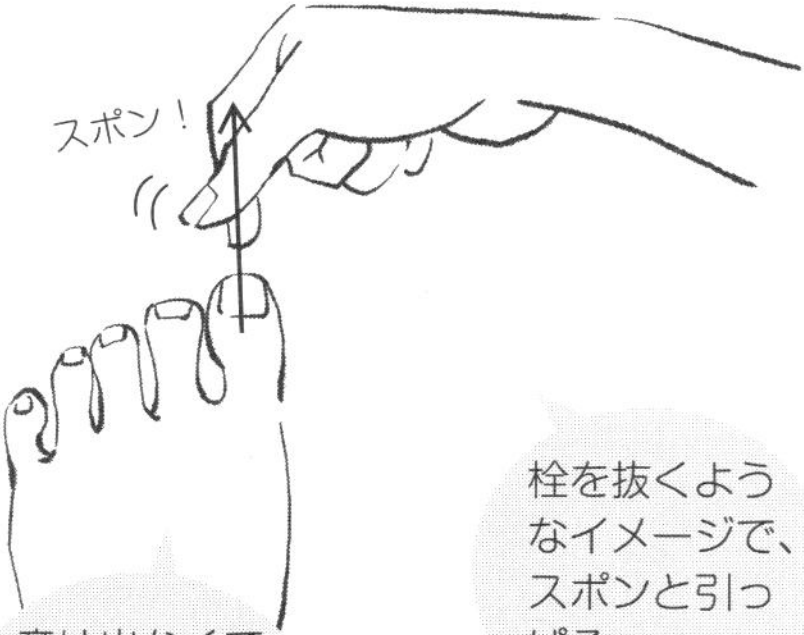

栓を抜くようなイメージで、スポンと引っぱる

音は出なくても大丈夫。しっかり抜いてあげる

④ほかの指も同様に、回す&引っぱる。

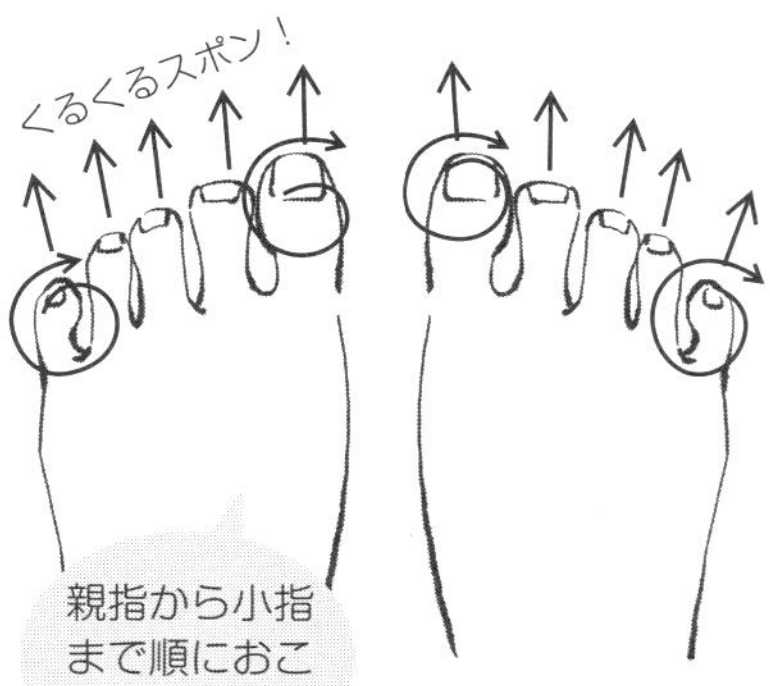

親指から小指まで順におこなう

カチコチに固まっている人も、お風呂に入って関節をやわらかくした状態で指を回してあげると、より効果が上がります。

指がはれている、痛すぎる（＝炎症を起こしている）という場合は、無理におこなわず、はれや痛みが引くまでお休みを。

指の間が広がると気持ちい～い
足ゆびストレッチ②

・足指の関節をほぐす。
・足指の可動域（動く範囲）を広げる。

①左足を右ひざに乗せる。

床に腰を下ろしておこなう
左手で左足首を支える

②手の指を足の指の間に入れる。

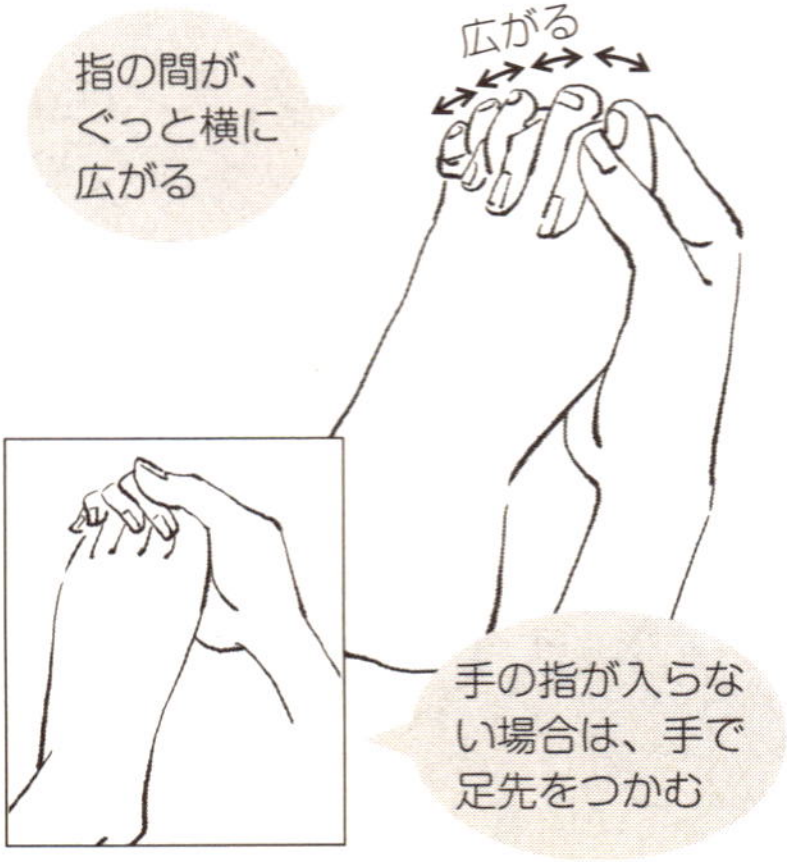
広がる
指の間が、ぐっと横に広がる
手の指が入らない場合は、手で足先をつかむ

③左足の先を曲げる。

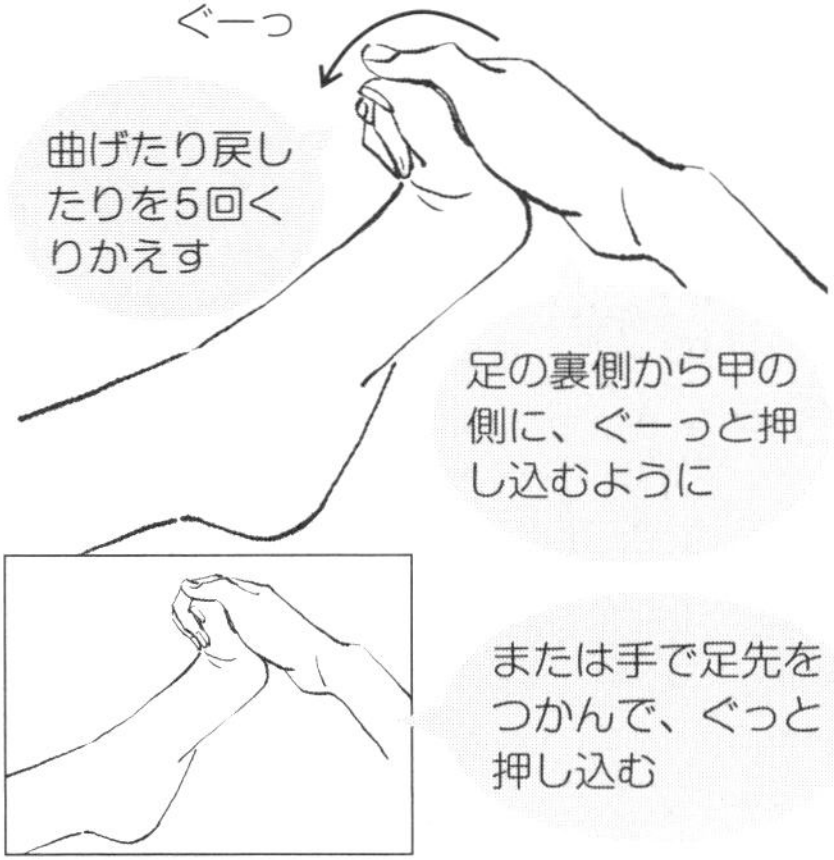

ぐーっ
曲げたり戻したりを5回くりかえす
足の裏側から甲の側に、ぐーっと押し込むように
または手で足先をつかんで、ぐっと押し込む

④右足の指も同様に、曲げる。

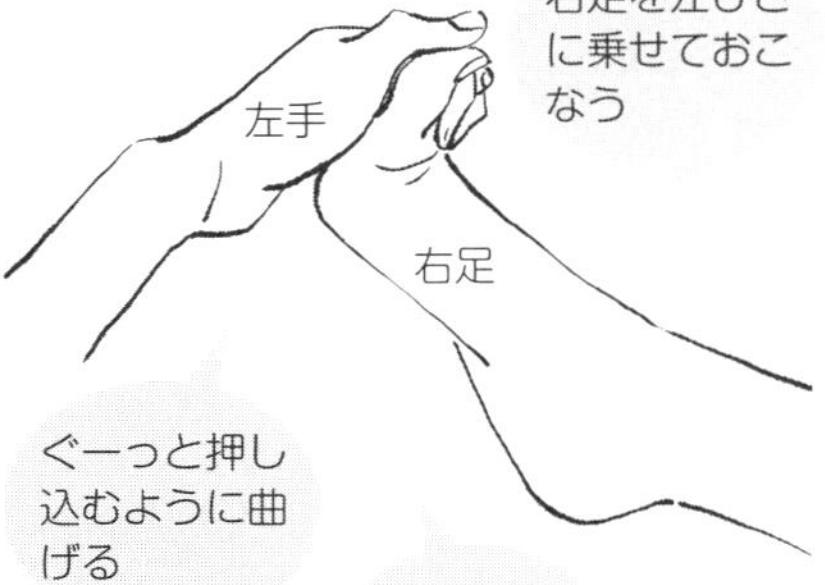

右足を左ひざに乗せておこなう
左手
右足
ぐーっと押し込むように曲げる
左手の指を右足の指の間に入れて

足の指がひらかない、手の指が入らない、という方はけっこういます。ふだん使っていないので、関節が固まっているんですね。

ひどく固まっている人でも、毎日おこなうと関節がほぐれて、やわらかくなっていきます。お風呂のなかでもできますよ。

末端を動かすだけで代謝アップ！

足ゆびストレッチ③

・足指や足首の関節をほぐす。
・全身の代謝が上がる。

①ひざ立ちをする。

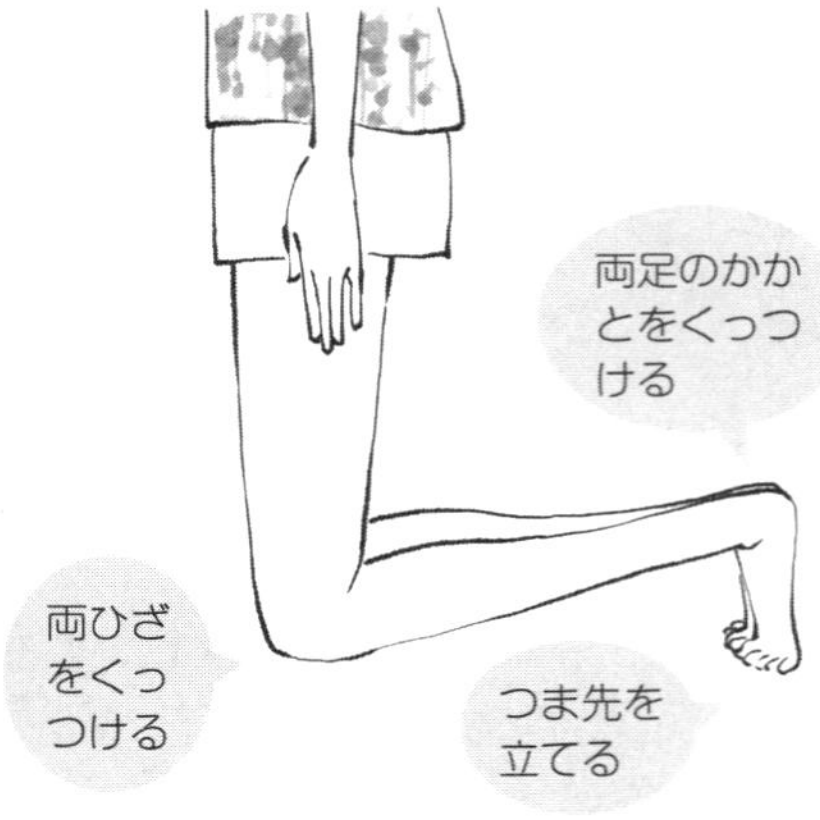
両足のかかとをくっつける
つま先を立てる
両ひざをくっつける

②座る。

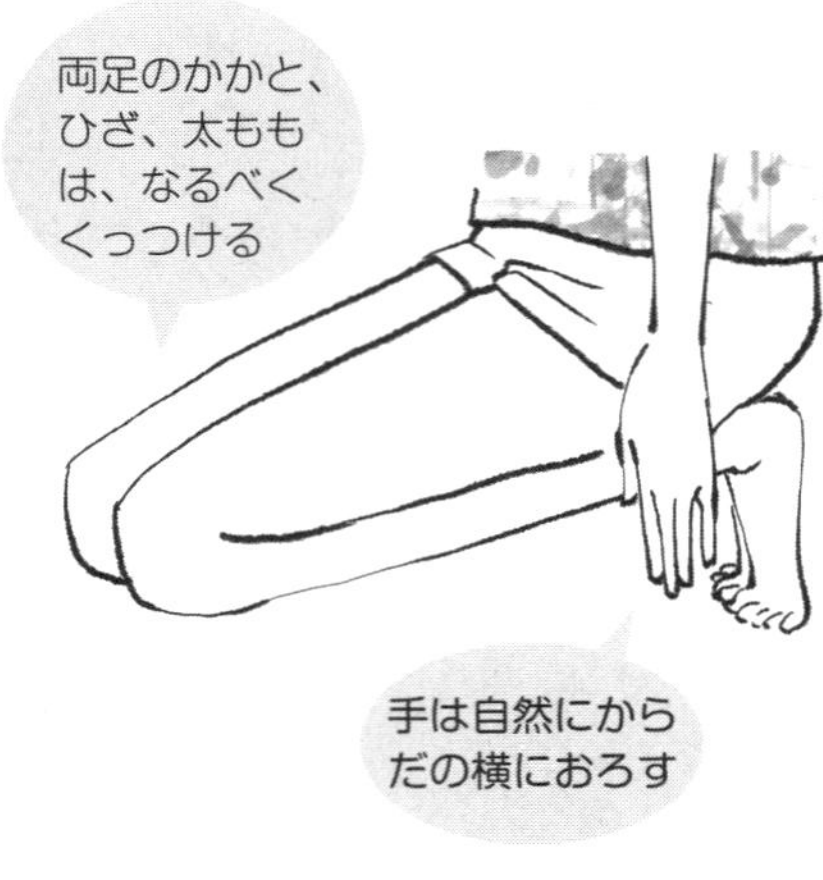
両足のかかと、ひざ、太ももは、なるべくくっつける
手は自然にからだの横におろす

③腰を左右に動かす。

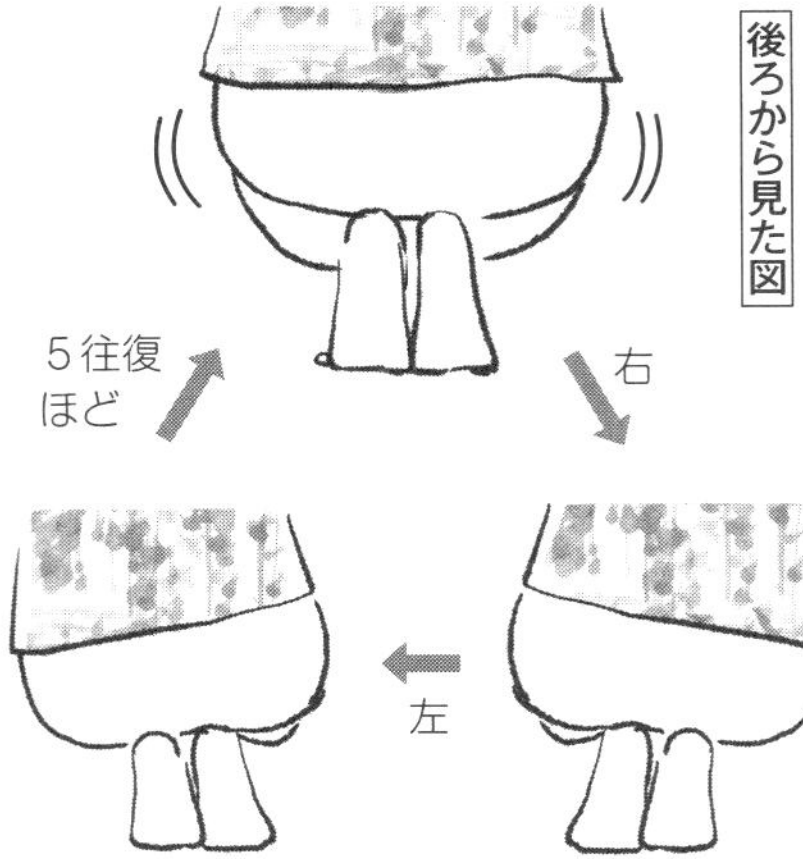

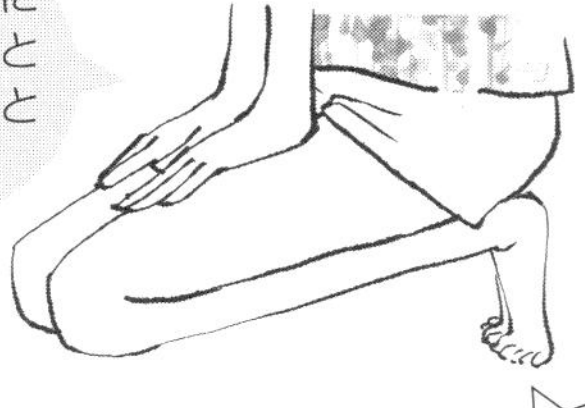

太ももや腰に手を当てるとバランスをとりやすい

小指から親指まで、順に曲がるイメージ

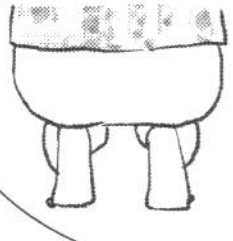

体勢がきつい人は、ひざ&かかとを少しひらいてもOK

自分の体重が乗るので、足指の関節がぐっと曲がります。アキレスけんもしっかり伸びるため、足首もやわらかくなります。

ふだん使われることが少ない内転筋（太ももの内側の筋肉）も使われるため、こうして末端を動かすだけで全身の代謝が上がるんです。

ゴルフボールご～ろごろ

足の甲のストレッチ

・土ふまずに縦のアーチができる。
・全身の代謝が上がる。冷え症の改善。

①足裏でゴルフボールをころがす。

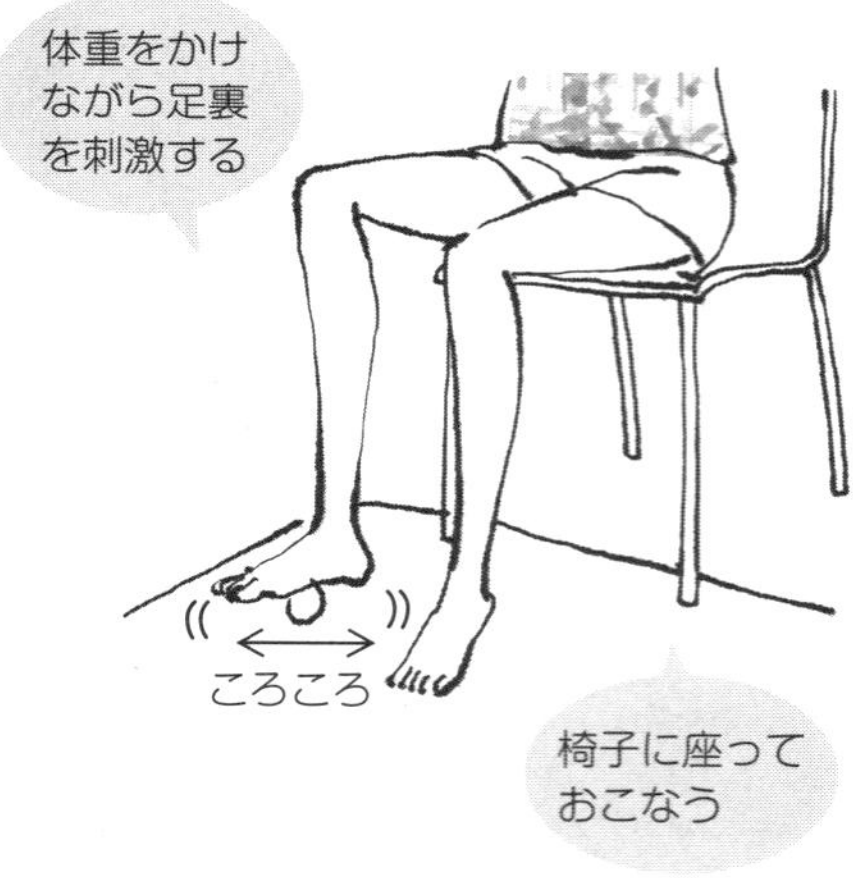
体重をかけながら足裏を刺激する
ころころ
椅子に座っておこなう

②足の指でボールをつかむ。

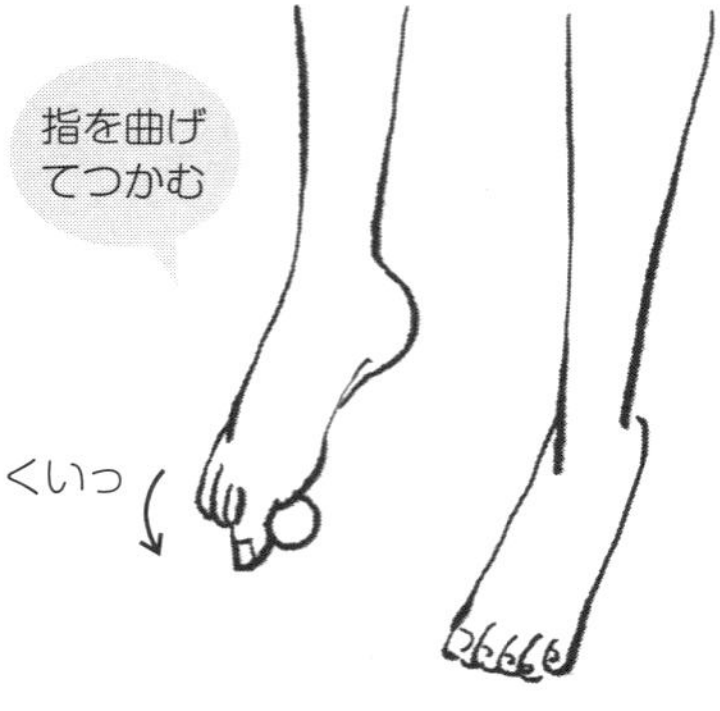
指を曲げてつかむ
くいっ

③ボールを持ち上げて5秒キープ。

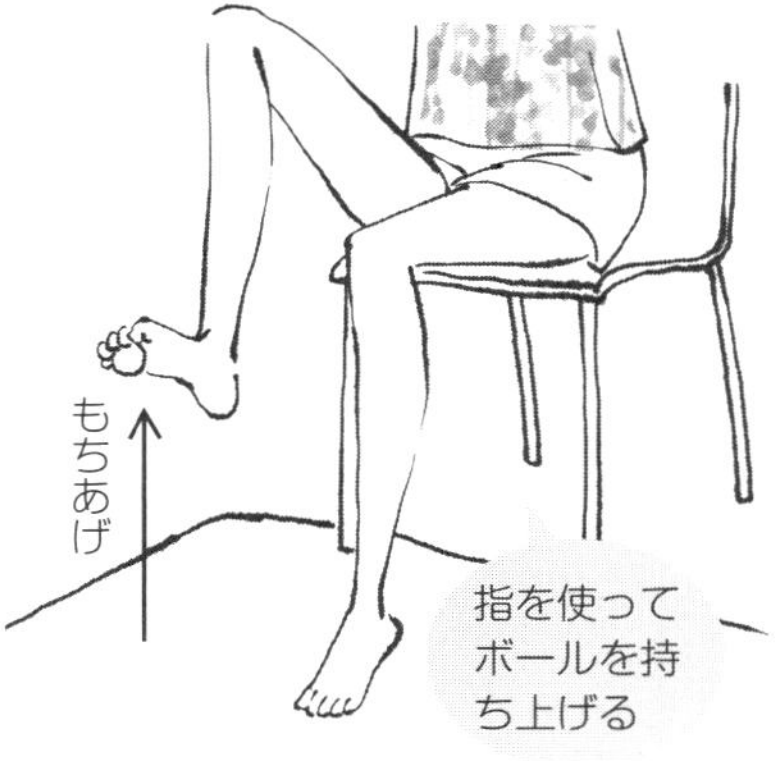
もちあげ
指を使ってボールを持ち上げる

④左足も同様におこなう。

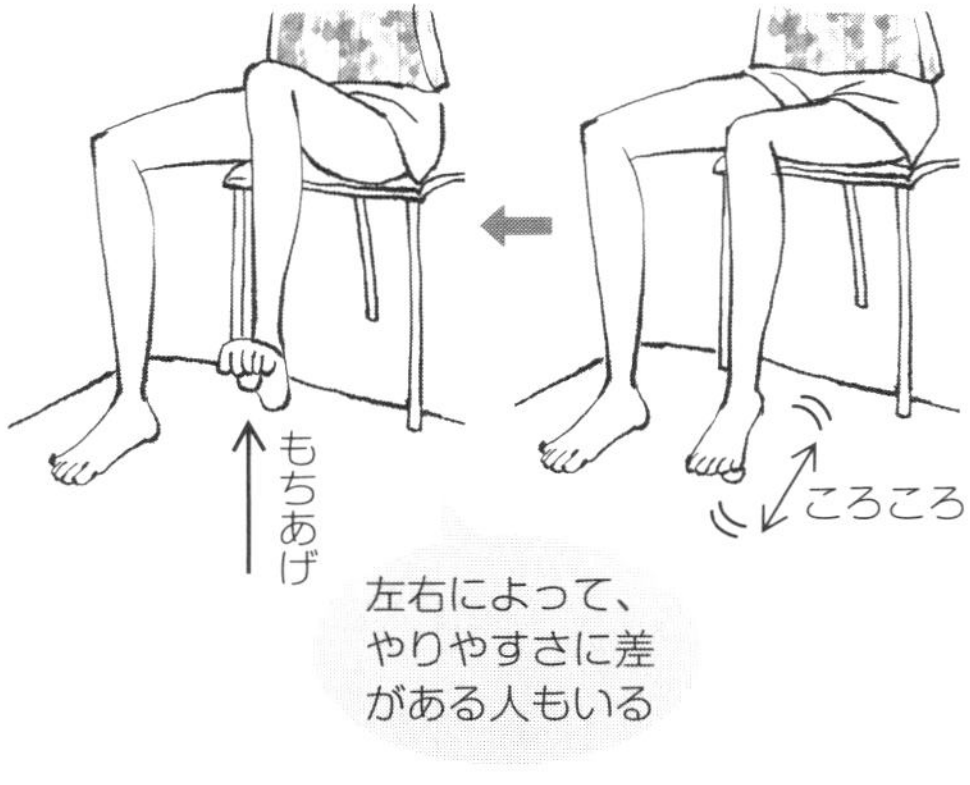
もちあげ
ころころ
左右によって、やりやすさに差がある人もいる

ゴルフボールがなければ、ハンカチやタオル（たぐり寄せられるもの、摩擦があるもの）をつかむ方法でも同じ効果があります。

足の左右によって差がある場合、やりにくいほうの足を多めにおこなうと、左右の筋肉が均等になります。

イタ気持ちいい！がクセになる
足裏マッサージ

・血行がよくなり、むくみや肌荒れが改善される。
・老廃物や尿の排泄をうながす。

①足裏のデトックスラインを押す。

椅子に座り、右足を左の太ももに乗せる

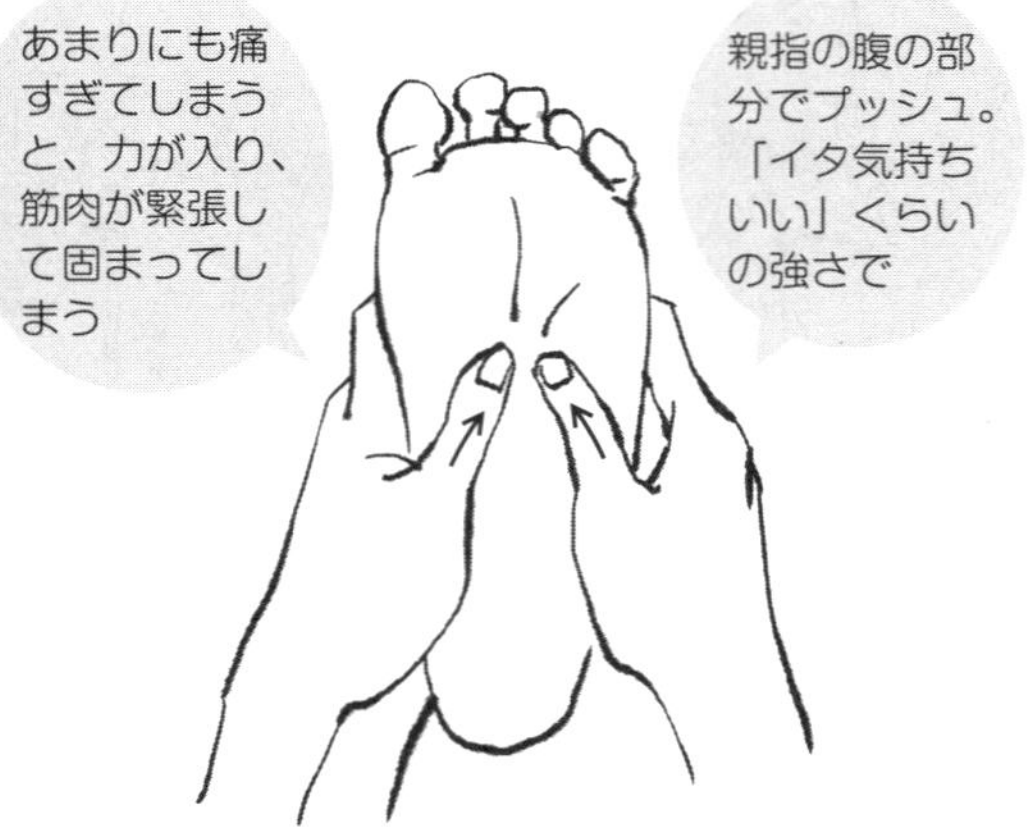
親指の腹の部分でプッシュ。「イタ気持ちいい」くらいの強さで
あまりにも痛すぎてしまうと、力が入り、筋肉が緊張して固まってしまう

デトックスライン

［右足の場合］

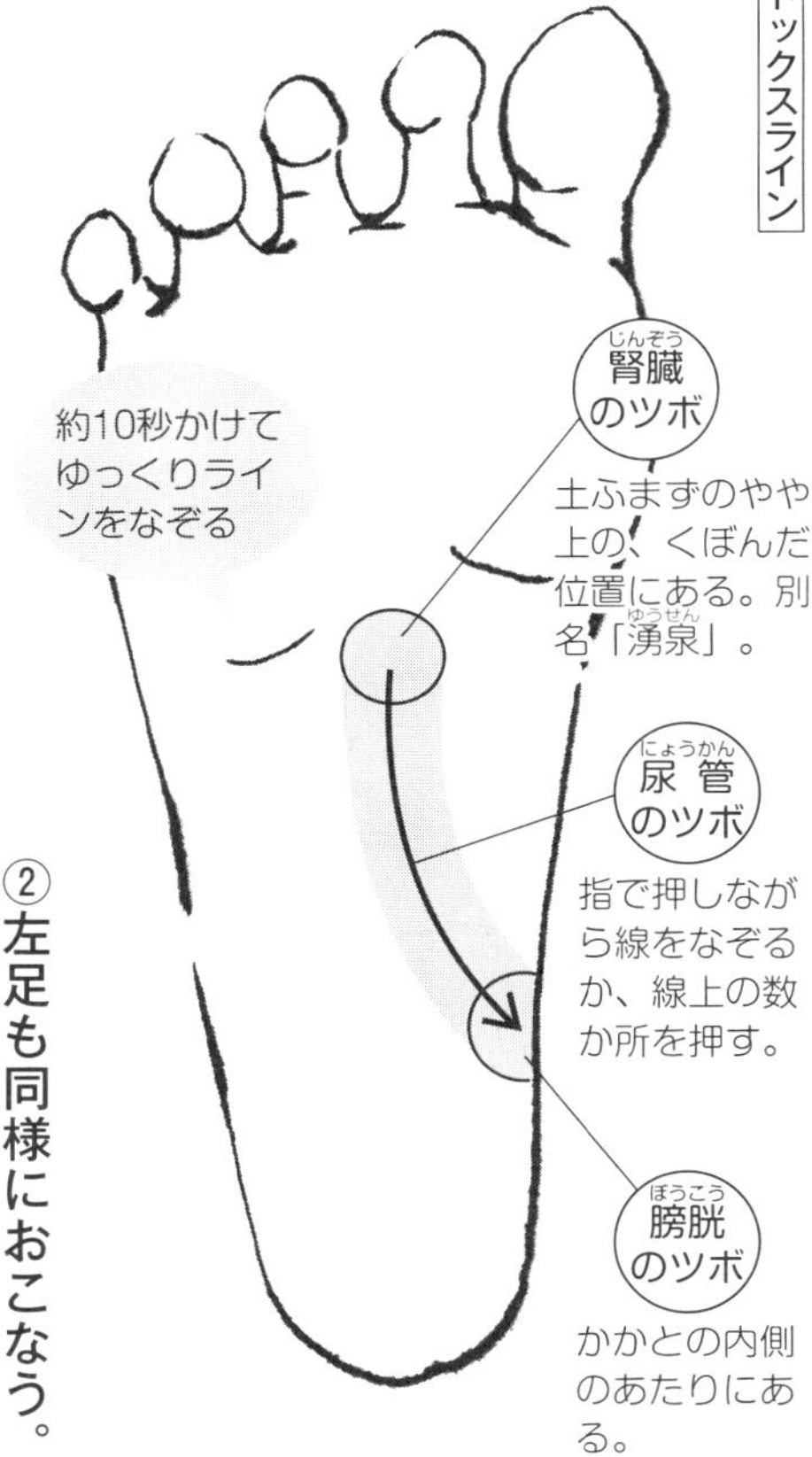

約10秒かけてゆっくりラインをなぞる
腎臓《じんぞう》のツボ
土ふまずのやや上の、くぼんだ位置にある。別名「湧泉《ゆうせん》」。
尿管《にょうかん》のツボ
指で押しながら線をなぞるか、線上の数か所を押す。
膀胱《ぼうこう》のツボ
かかとの内側のあたりにある。

② 左足も同様におこなう。

手でデトックスラインを押すほか、ゴルフボールで刺激したり、青竹を踏んだりしても、同様の効果があります。

足裏は健康のバロメーター。かかとには婦人科系のツボがあります。かさついている人は、かかとも一緒にもんであげましょう。

眠っている足首をやさしく起こす

足首ストレッチ

・足首の関節とアキレスけんをほぐす。
・足首のウォーミングアップに。

①アキレスけんをもむ。

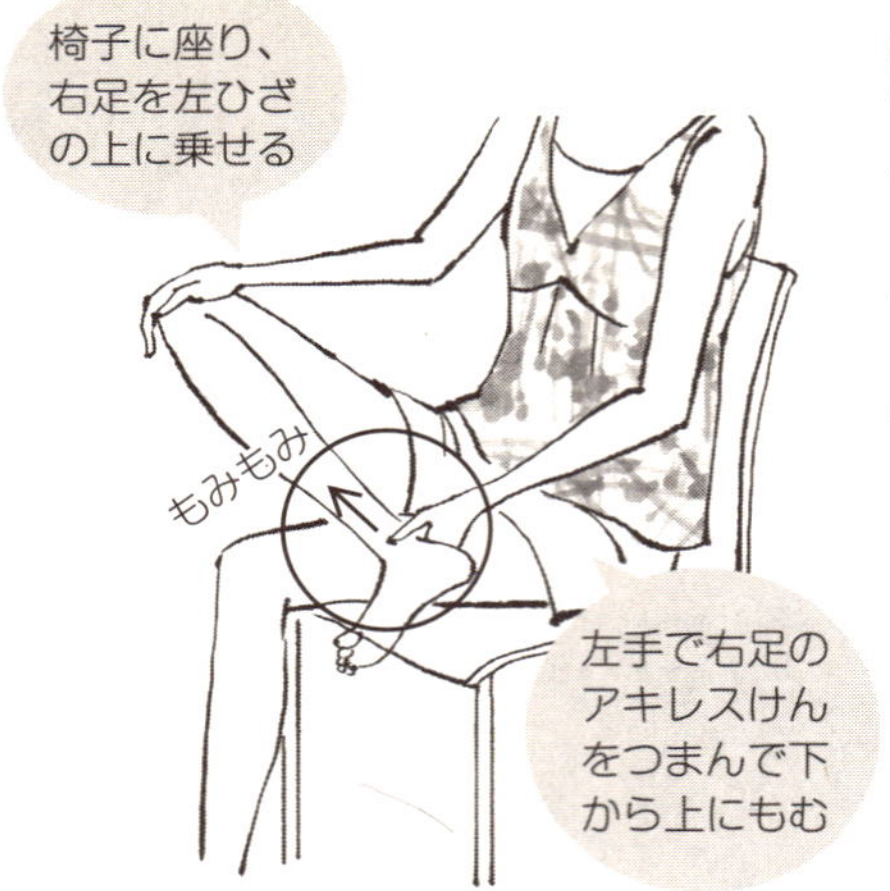
椅子に座り、右足を左ひざの上に乗せる
もみもみ
左手で右足のアキレスけんをつまんで下から上にもむ

②内くるぶしをもむ。

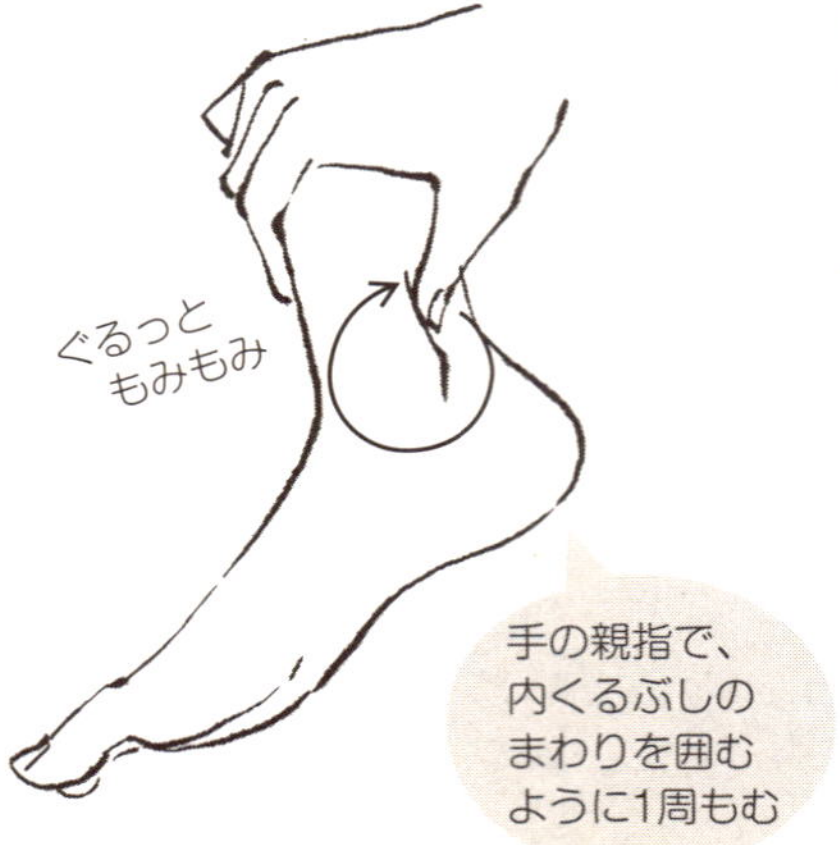
ぐるっともみもみ
手の親指で、内くるぶしのまわりを囲むように1周もむ

③外くるぶしをもむ。

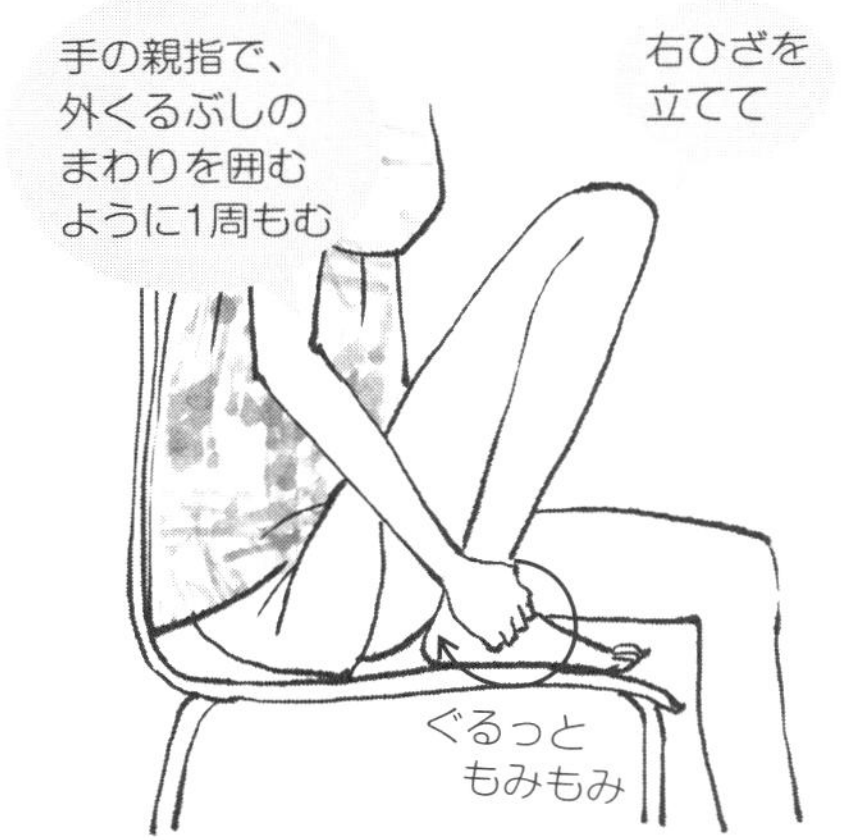
右ひざを立てて
手の親指で、外くるぶしのまわりを囲むように1周もむ
ぐるっともみもみ

④足首をぐるぐる回す。

左手で右の足裏をつかんで左回し・右回し各5回転
ぐるぐる

⑤左足も同様におこなう。

できれば毎日おこないたい動き。とくに1日中ヒールをはいた日は、この動きをおこなうと固まった足首がほぐれて疲れがとれます。

関節をちゃんと使えている人はアキレスけんがくびれています。出すべきところを出すと、もっと美しく見えますよ。

ツボ押しで内臓をほどよく刺激！

ふくらはぎマッサージ①

・むくみをとって代謝をうながす。
・筋肉がついてメリハリのある脚になる。

①ふくらはぎの後ろ側を下から上に押す。

床に座り、ひざを立てておこなう

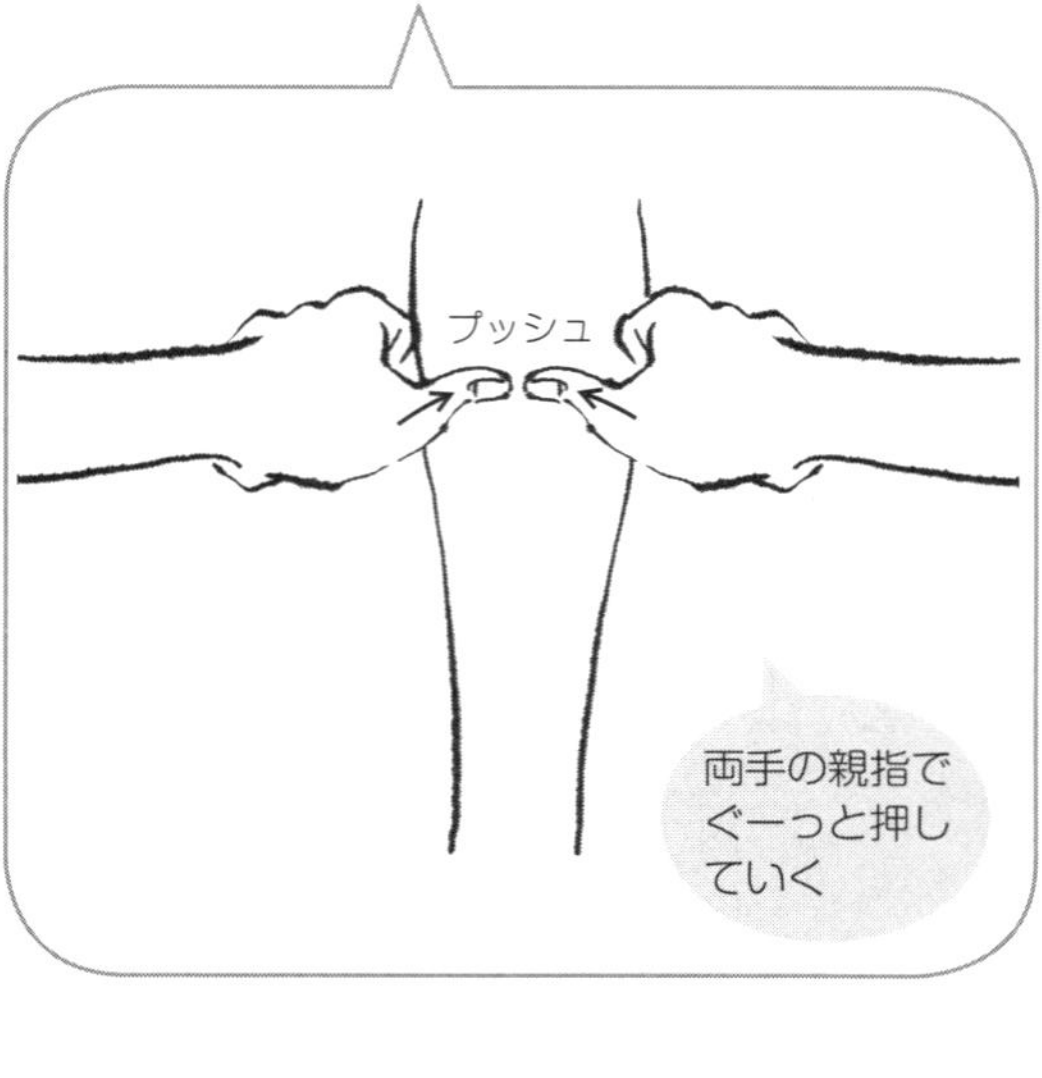
プッシュ
両手の親指でぐーっと押していく

[ふくらはぎの真後ろにあるツボ]

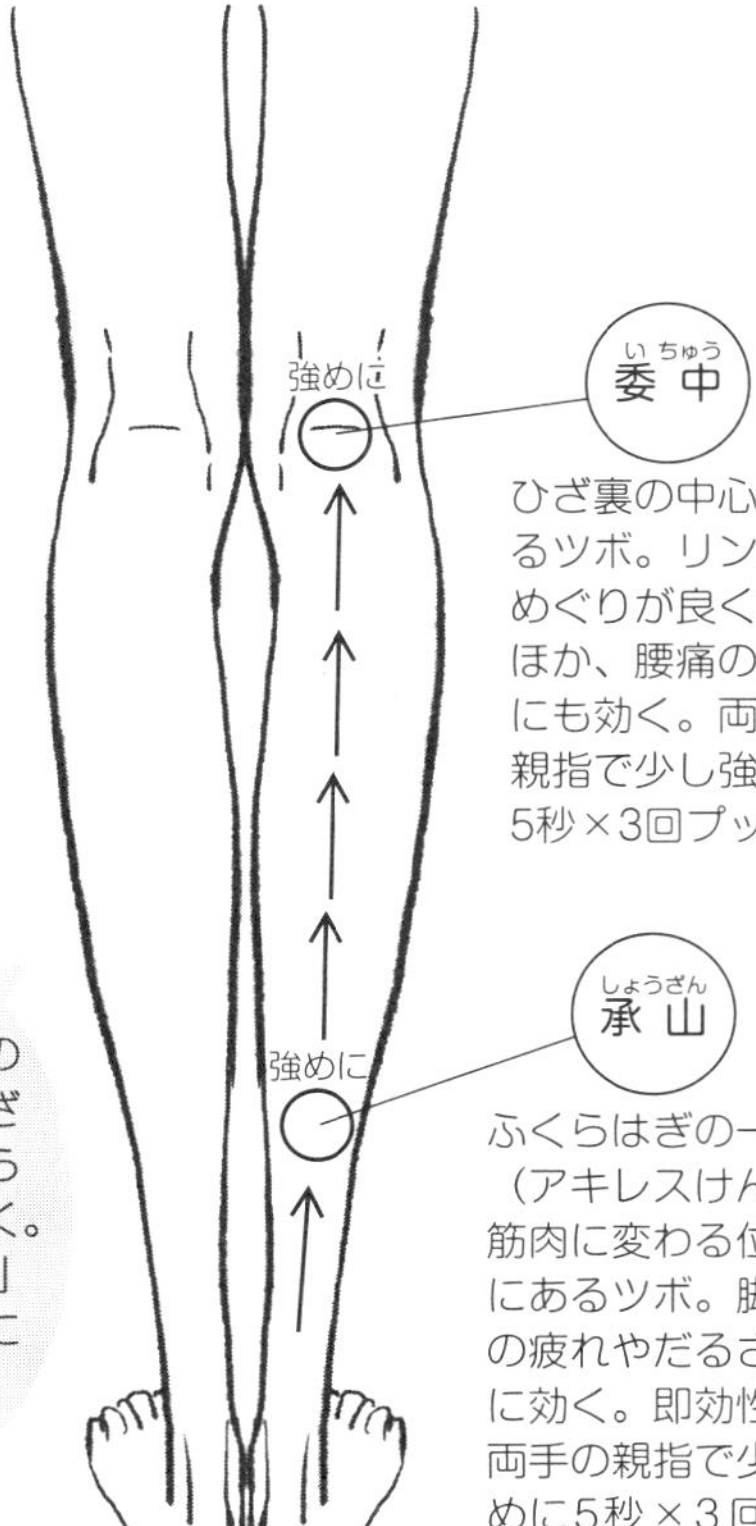

ひざ裏の中心にあるツボ。リンパのめぐりが良くなるほか、腰痛の改善にも効く。両手の親指で少し強めに5秒×3回プッシュ

ふくらはぎの一番下（アキレスけんから筋肉に変わる位置）にあるツボ。脚全体の疲れやだるさなどに効く。即効性あり。両手の親指で少し強めに5秒×3回プッシュ

アキレスけんの一番下からひざ裏まで、下から順に押していく。「承山」「委中」のツボは強めにプッシュ

②ふくらはぎの内側を下から上に押す。

[ふくらはぎの内側にあるツボ]

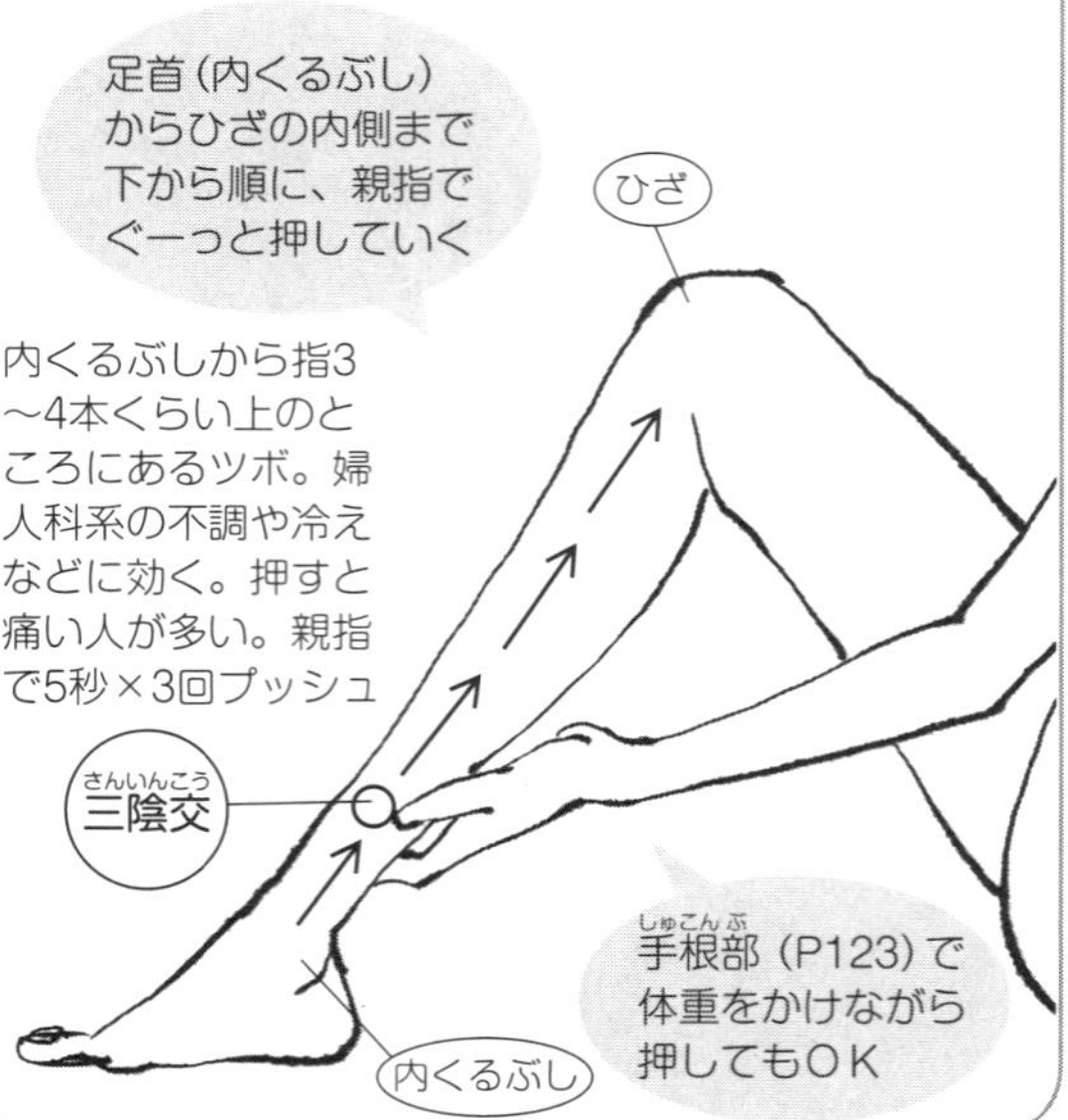
足首（内くるぶし）からひざの内側まで下から順に、親指でぐーっと押していく
ひざ
内くるぶしから指3～4本くらい上のところにあるツボ。婦人科系の不調や冷えなどに効く。押すと痛い人が多い。親指で5秒×3回プッシュ
三陰交《さんいんこう》
手根部《しゅこんぶ》（P123）で体重をかけながら押してもOK
内くるぶし

③ふくらはぎの外側を下から上に押す。

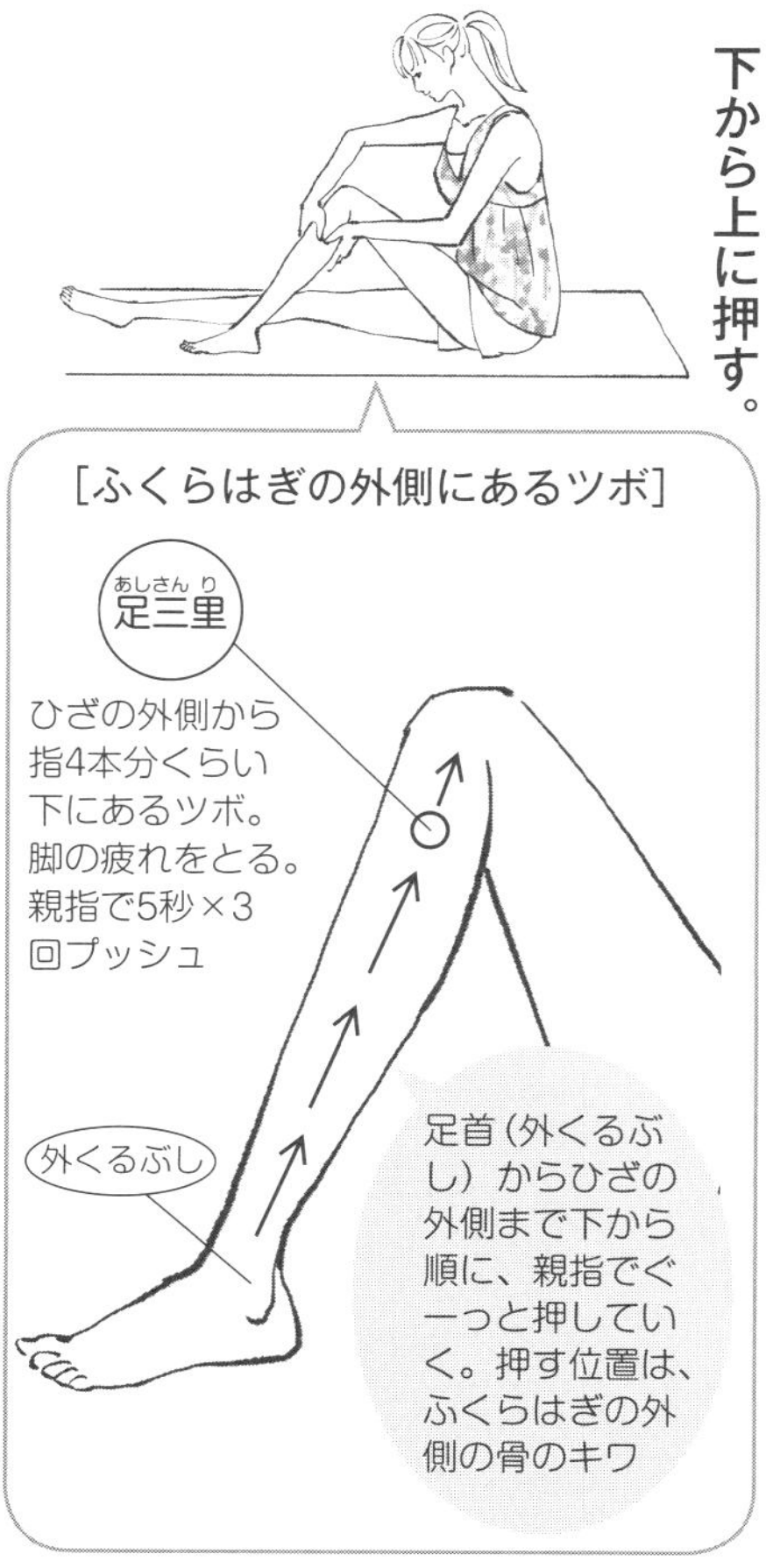
[ふくらはぎの外側にあるツボ]
足三里《あしさんり》
ひざの外側から指4本分くらい下にあるツボ。脚の疲れをとる。親指で5秒×3回プッシュ
外くるぶし
足首（外くるぶし）からひざの外側まで下から順に、親指でぐーっと押していく。押す位置は、ふくらはぎの外側の骨のキワ

④左右の脚を同様におこなう。

老廃物はつま先のほうにたまります。下から順番に押していくことで、ひざ下の筋肉を刺激し、老廃物が上に流れていきます。

押す順番は、下から上へ。でもあまり神経質に順番を守らなくてもOK。各ツボをしっかり押すことのほうが大事です。

むくみをとことん解消！

ふくらはぎマッサージ②

・足首の関節のコリをほぐす。
・むくみや脚のだるさを解消する。

①あおむけに寝て、片脚をひざに乗せる。

右脚のひざをできるだけ深く曲げる
左脚を右ひざに乗せる
腕はからだの横に

②ひざを振り、ふくらはぎをぶつける。

左脚のひざを振って、ふくらはぎを右ひざにぶつける

③右脚も同様におこなう。

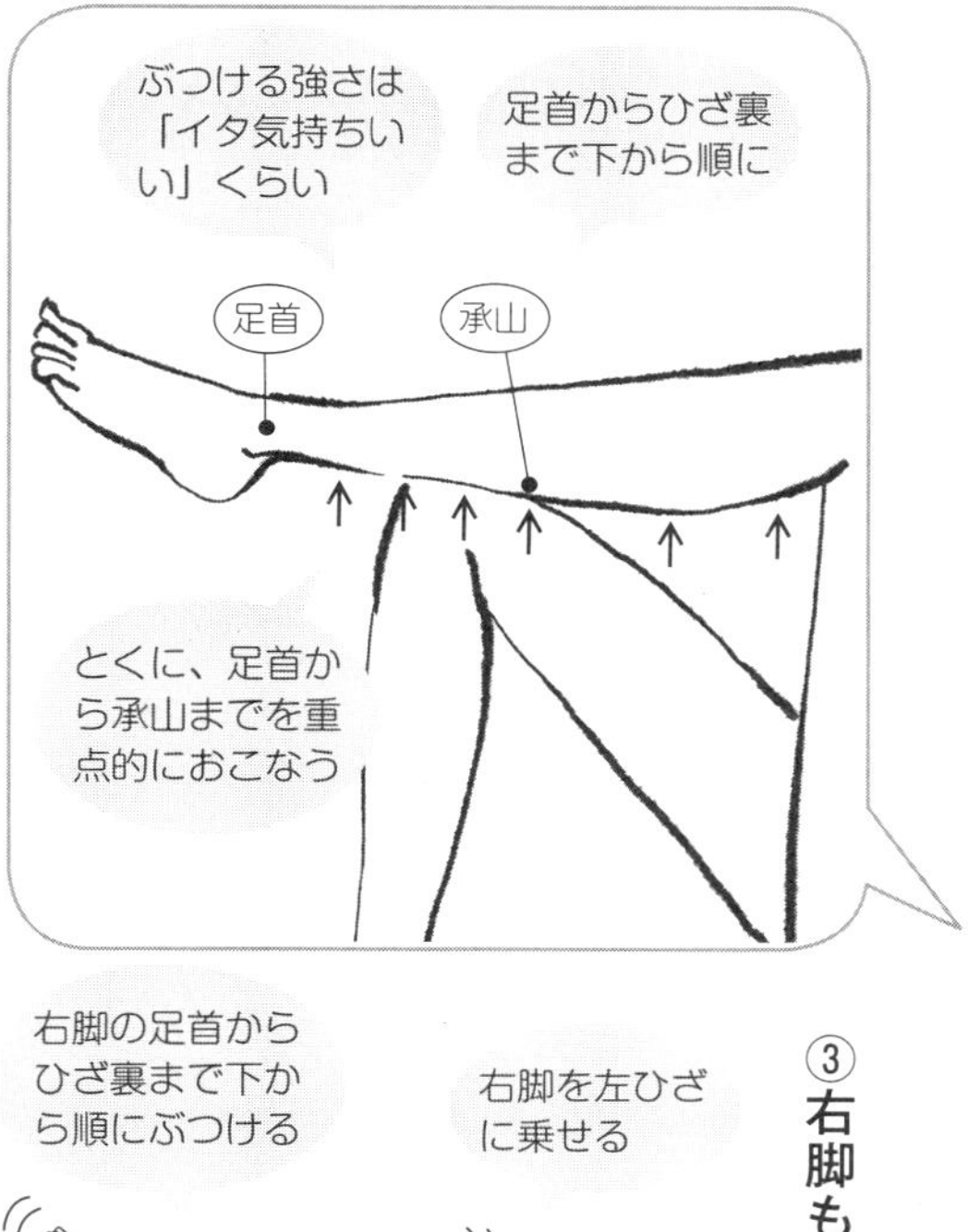
足首からひざ裏まで下から順に
ぶつける強さは「イタ気持ちいい」くらい
承山
足首
とくに、足首から承山までを重点的におこなう

右脚を左ひざに乗せる
右脚の足首からひざ裏まで下から順にぶつける

今日は朝から夜まで歩き回ったな～という日や、新しい靴をはいた日は、筋肉がこわばっています。そんな日はとくに試してみて。

私も毎日寝る前に必ずやっています。立ち仕事の人や、外で歩くことの多い仕事の人には、とくにおすすめですね。

ぷよんぷよんの肉が消える!

ひざストレッチ

・ひざの曲がりを伸ばす。
・ひざまわりのぜい肉をとる。

①両脚を伸ばす。

床に腰を下ろし、両脚を伸ばす
このとき、つま先やかかとがひらいてしまう人も多いが、しっかり閉じる
両足首は、手前にぐっと曲げる
手は後ろについて、上半身を支える

②右ひざを曲げる。

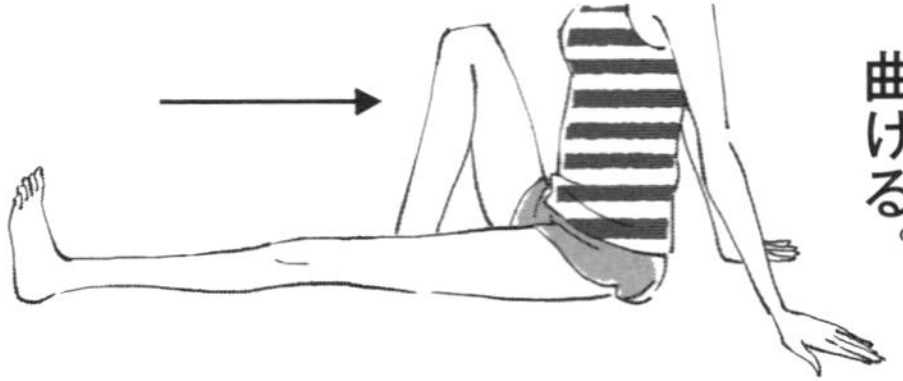

③右脚を伸ばす。

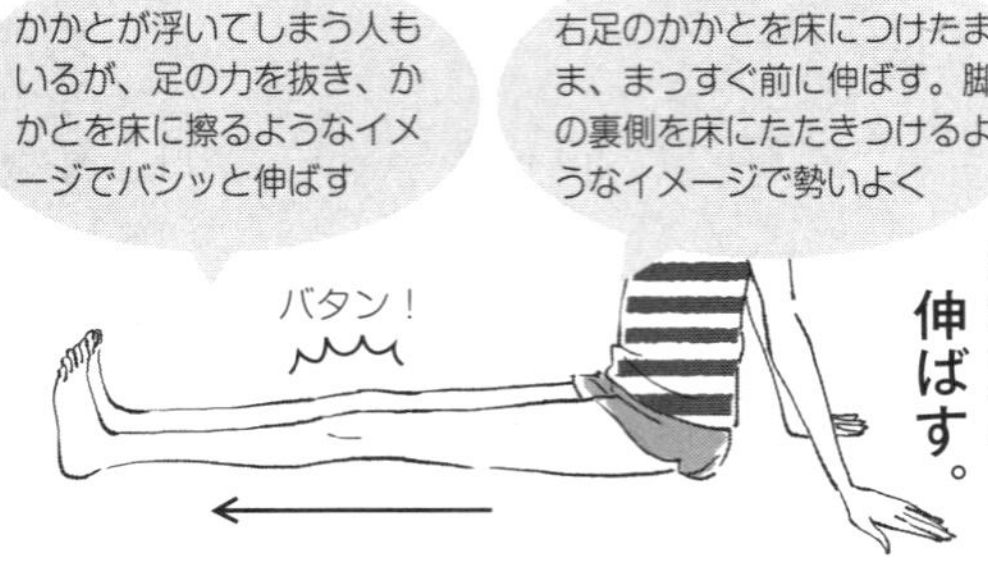

右足のかかとを床につけたまま、まっすぐ前に伸ばす。脚の裏側を床にたたきつけるようなイメージで勢いよく
かかとが浮いてしまう人もいるが、足の力を抜き、かかとを床に擦るようなイメージでバシッと伸ばす
バタン!

④左ひざを曲げる。

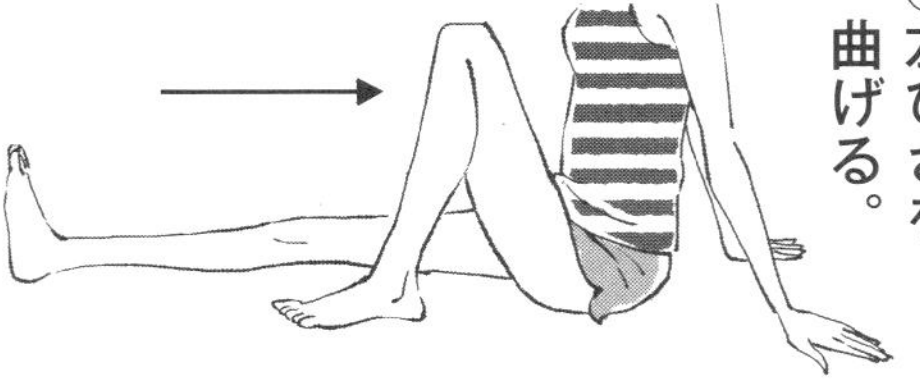

⑤左脚を伸ばす。

⑥②〜⑤をくりかえす。

[上から見た図]

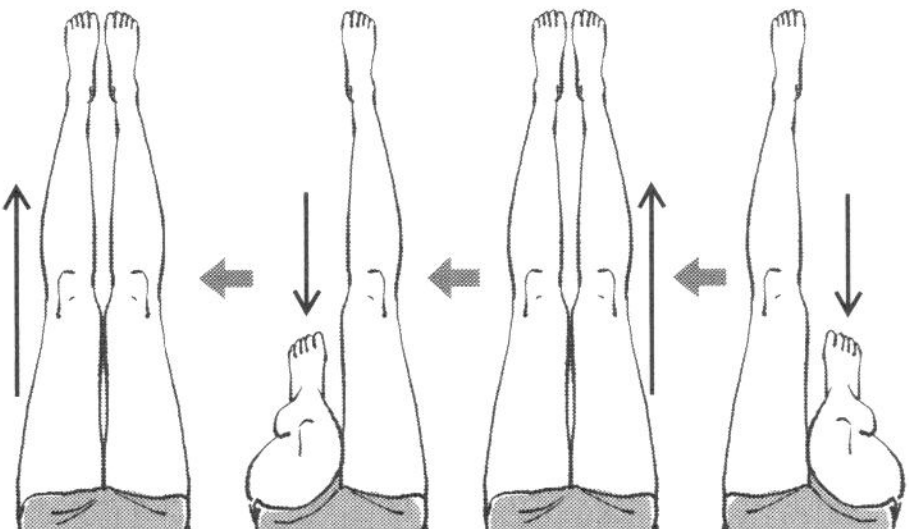

左右交互にバタンバタンと曲げて伸ばす。10回くりかえす

ひざまわりのぜい肉がとれると、ひざ下が長く見えます。ひざが曲がっていると関節痛の原因にもなりますので要注意です。

このエクササイズは、床に脚を打ちつけるときに、バタバタと大きな音がします。場所と時間を考えておこないましょう。

弱った足腰を鍛えて若さをキープ

太ももエクサ

・内転筋（太ももの内側の筋肉）を鍛える。
・ウエスト〜太もものラインが美しく整う。

①横向きに寝る。

横向きに寝て、右手のひじをつき、上半身を起こす
左ひざを曲げる

②右脚を振り上げる。

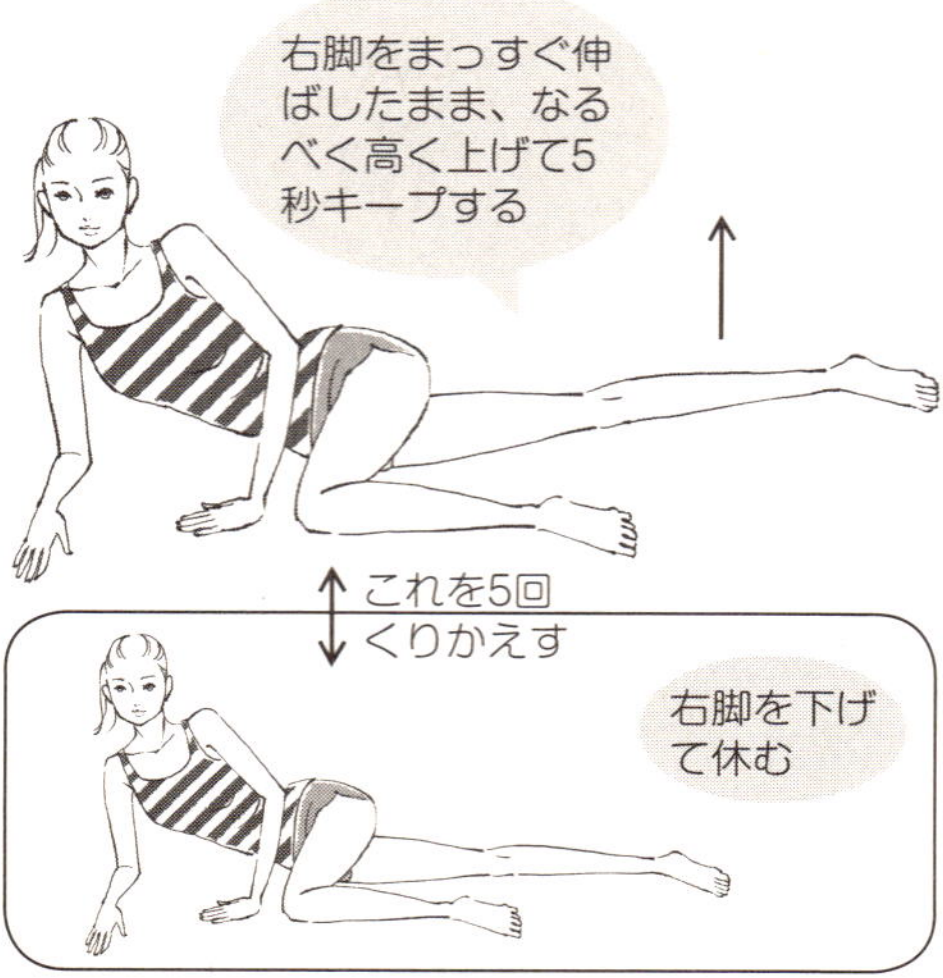
右脚をまっすぐ伸ばしたまま、なるべく高く上げて5秒キープする
これを5回くりかえす
右脚を下げて休む

③右脚も同様におこなう。

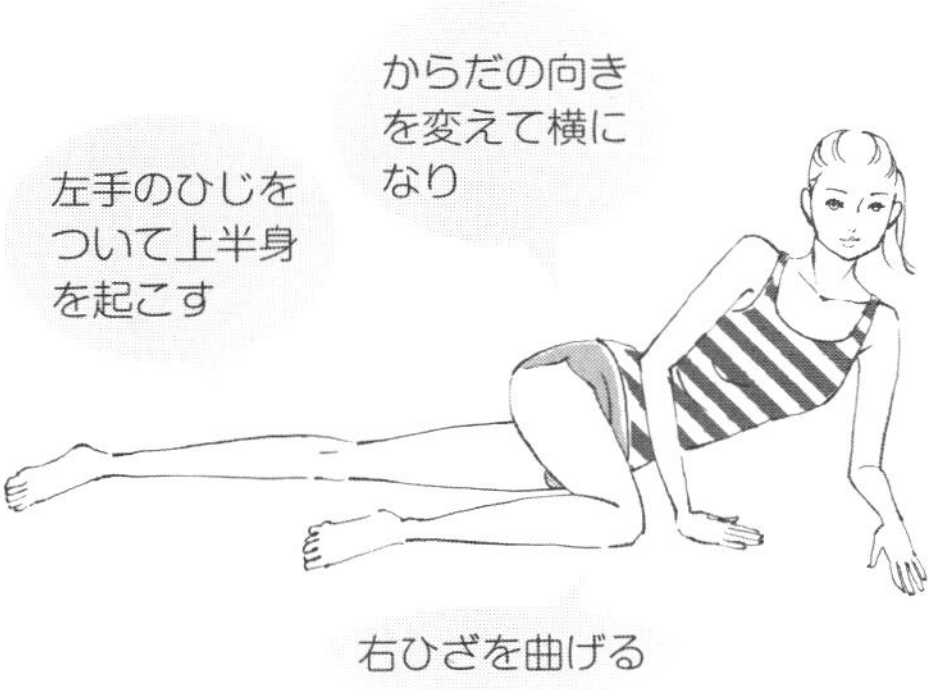
からだの向きを変えて横になり
左手のひじをついて上半身を起こす
右ひざを曲げる

左脚をまっすぐ伸ばしたまま、なるべく高く上げて5秒キープする

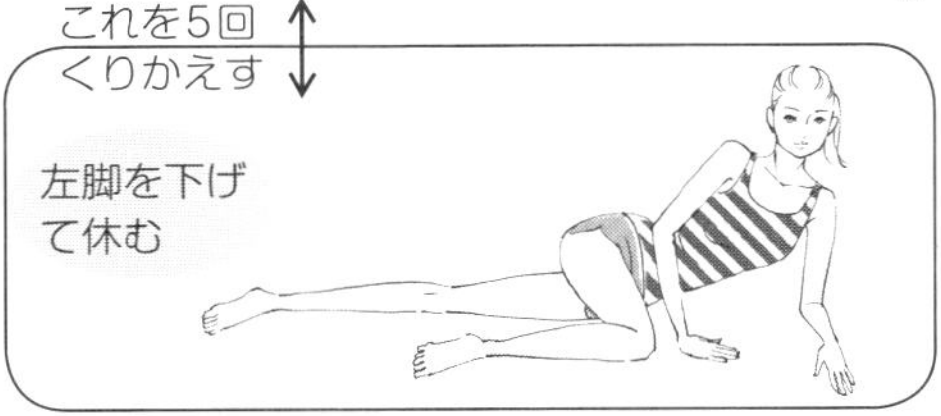
これを5回くりかえす
左脚を下げて休む

太ももの内側がたるんでいることを気にしている方が多いです。このエクササイズを続けると、内ももがスッキリ引き締まります。

内ももが衰えると、疲れやすくもなります。足腰が弱ると実年齢より老けて見えるので、若さを保つためにも鍛えたい筋肉です。

ゆがみとり&シェイプ！

股関節ストレッチ

・股関節をやわらかくする。
・落ちにくいおしりの横のぜい肉をとる。

①横向きに寝る。

横向きに寝て、左手のひじをつき、上半身を起こす
右ひざを曲げる

②ひざを回す。

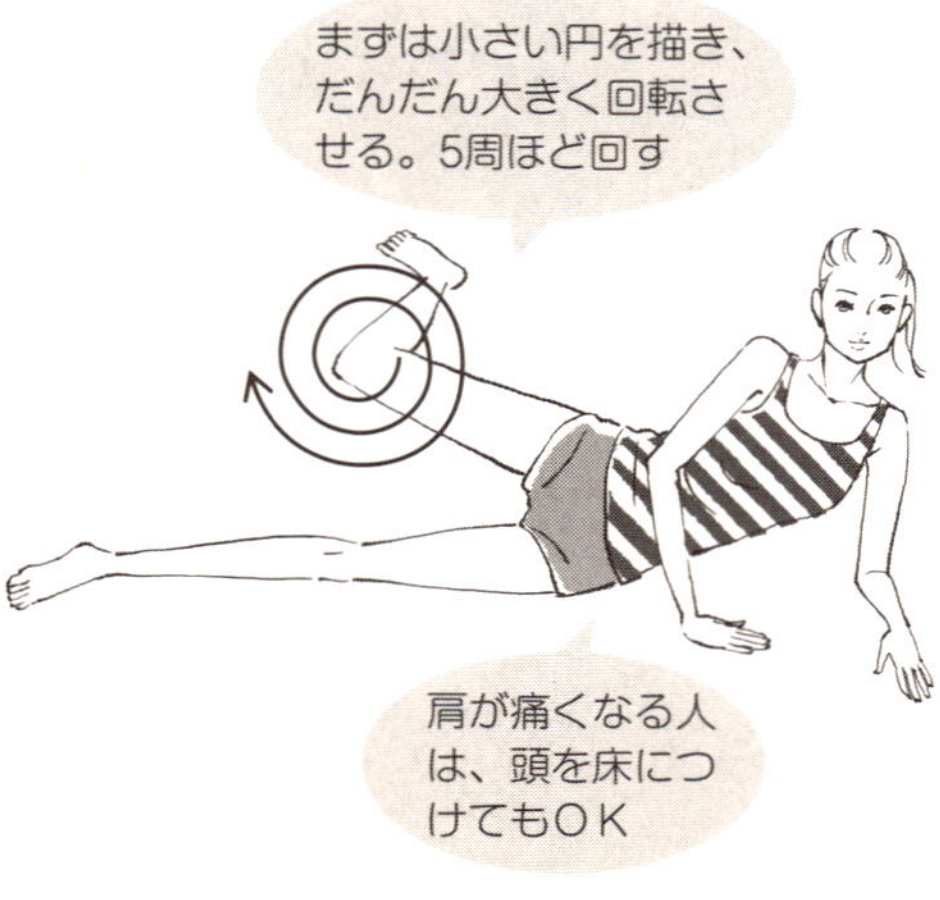
まずは小さい円を描き、だんだん大きく回転させる。5周ほど回す
肩が痛くなる人は、頭を床につけてもＯＫ

③からだの向きを変え、左脚も同様におこなう。

横向きに寝て、右手のひじをつき、上半身を起こす

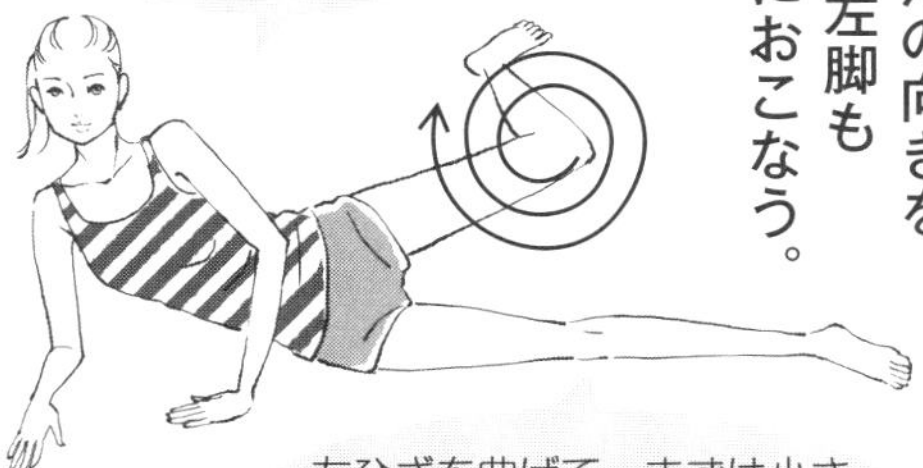

左ひざを曲げて、まずは小さい円を描き、だんだん大きく回転させる。5周ほど回す

[立っておこなうやり方]

横になるポーズが厳しい人は、立っておこなってもOK

椅子などに手をつき、背すじを伸ばして立つ

片脚立ちになって、ひざをなるべく高い位置に上げる

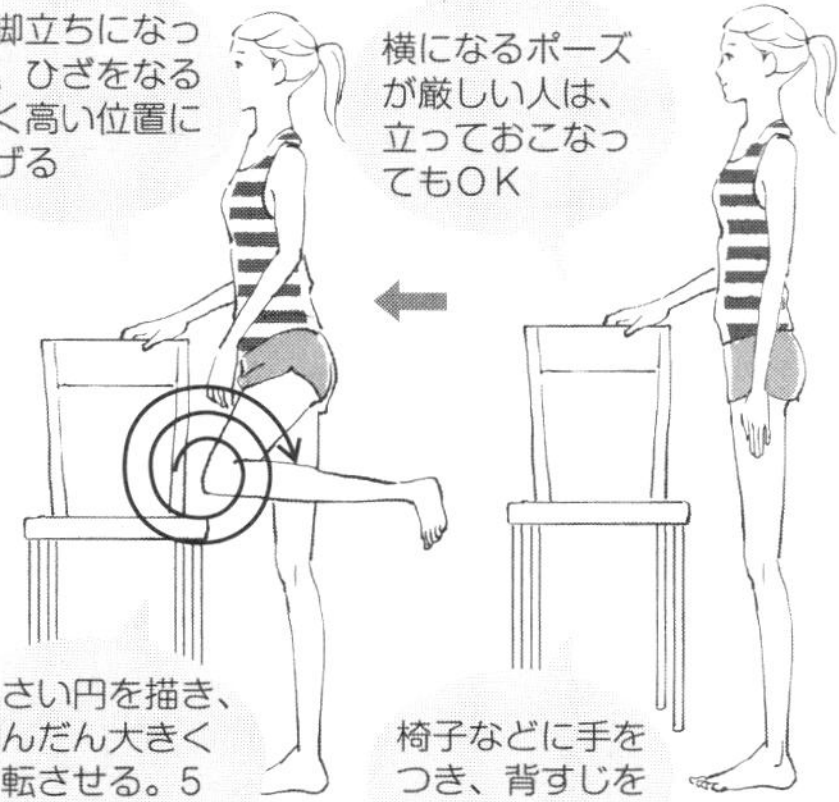

小さい円を描き、だんだん大きく回転させる。5周ほど回す

股関節や骨盤のゆがみで、左右の脚の長さが違ってくることがあります。このエクササイズを取り入れて上手にケアしましょう。

横になるポーズでおこなうと、おしりのほかに、わき腹もシェイプされます。ただし、腕の筋力が弱い人は立っておこなってもOK。

ひらいて締める2ステップ

おしりストレッチ

・股関節や骨盤のゆがみ、コリをほぐす。
・おしりを引き締める。

①あおむけに寝て、右ひざを曲げる。

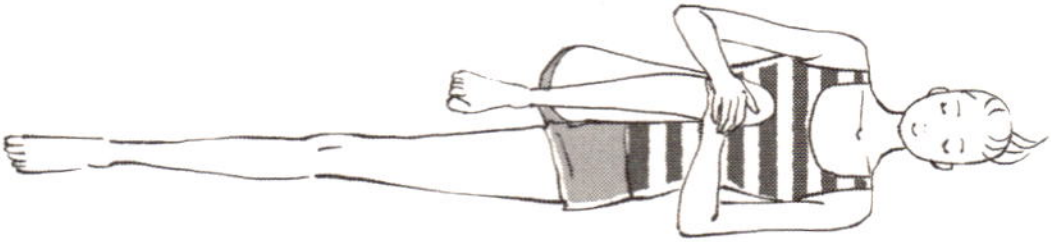
あおむけに寝ておこなう
右ひざを曲げて両手で抱える

②右ひざを左肩に引きよせる。

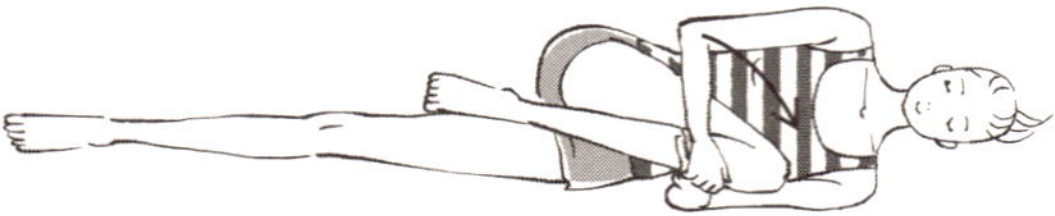
右ひざを両手で抱えたまま、左肩に向けてぐーっと押しつける

③ななめに引きよせる。

右ひざを両手で抱えたまま、右肩の外に向けてぐーっと押しつける

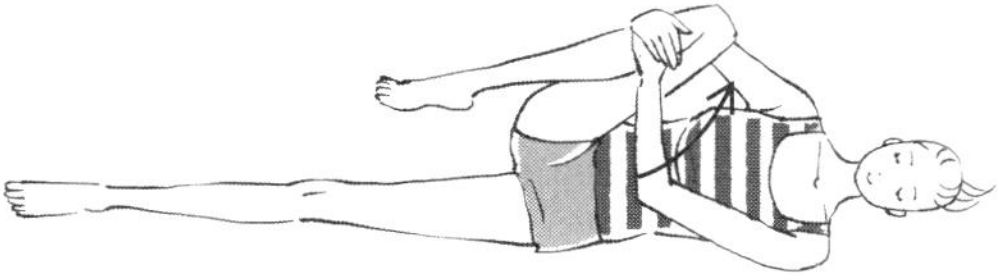

④また左肩に引きよせる。

右ひざを両手で抱えたまま、左肩に向けてぐーっと押しつける

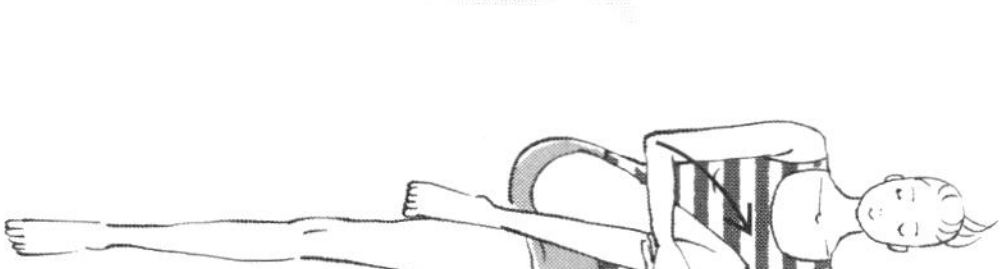

⑤左脚も同様におこなう。

きれいなおしりのつくり方は〝ひらいて、締める〟。まずは股関節や骨盤のゆがみ、コリをほぐす。その後、締める。「2段階」です。

信号待ちや電車のなかでもおしりをキュッ！引き締める意識を持ちましょう。ちょっとしたことですが、効果が違ってきますよ。

ひらいて閉じてゆがみとり

骨盤ストレッチ

・おしりの位置をアップする。
・骨盤をやわらかくする。

①あおむけになり、ひざを立てる。

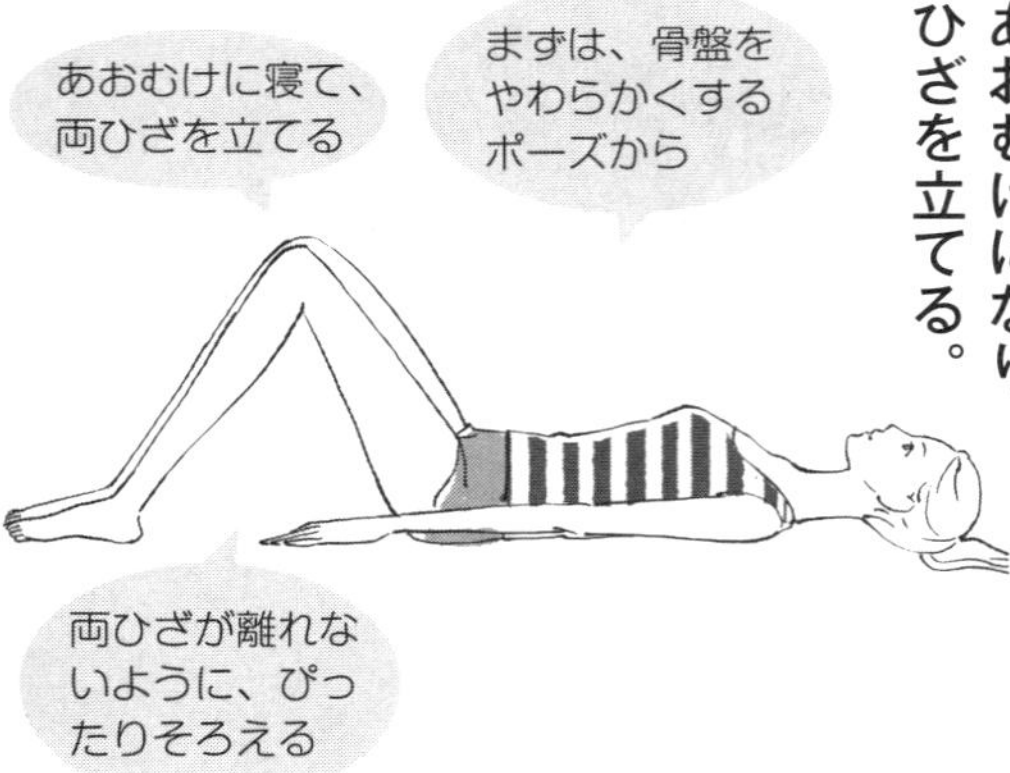
まずは、骨盤をやわらかくするポーズから
あおむけに寝て、両ひざを立てる
両ひざが離れないように、ぴったりそろえる

②かかとをおしりに近づける。

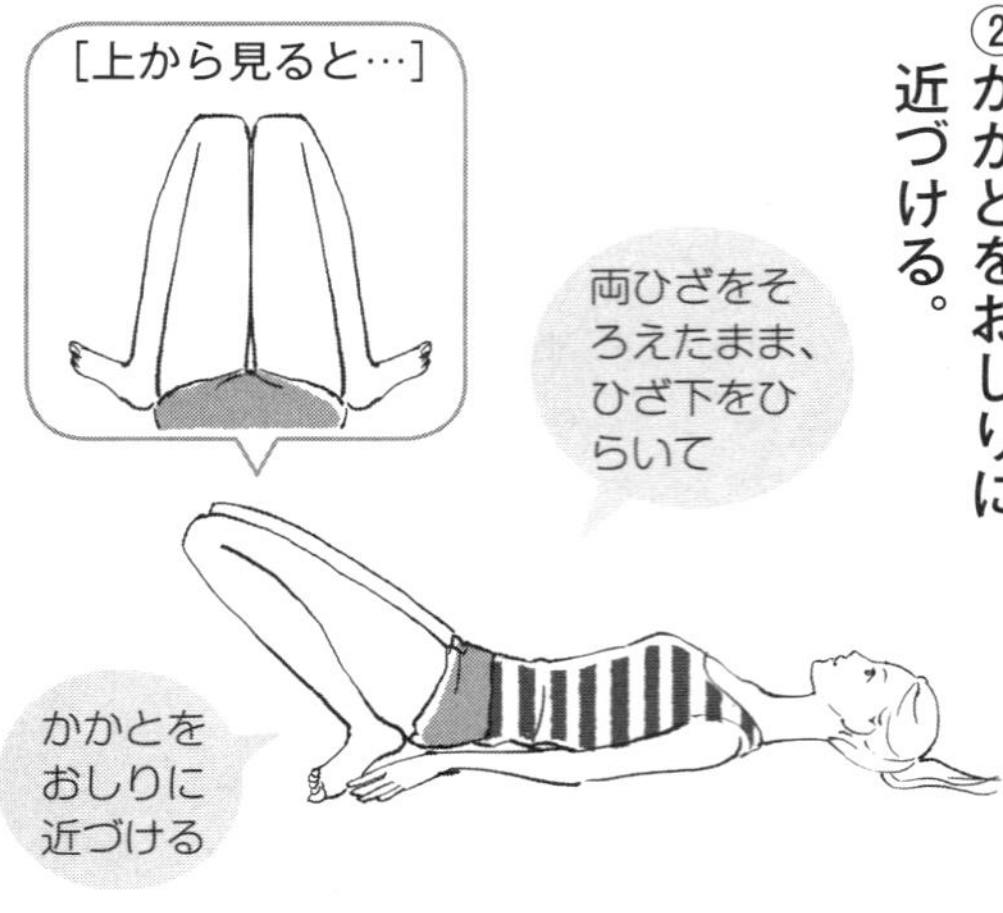
[上から見ると…]
両ひざをそろえたまま、ひざ下をひらいて
かかとをおしりに近づける

③ひざを交互に倒す。

[上から見ると…]
バタン
左右のひざを交互にバタンバタンと倒す

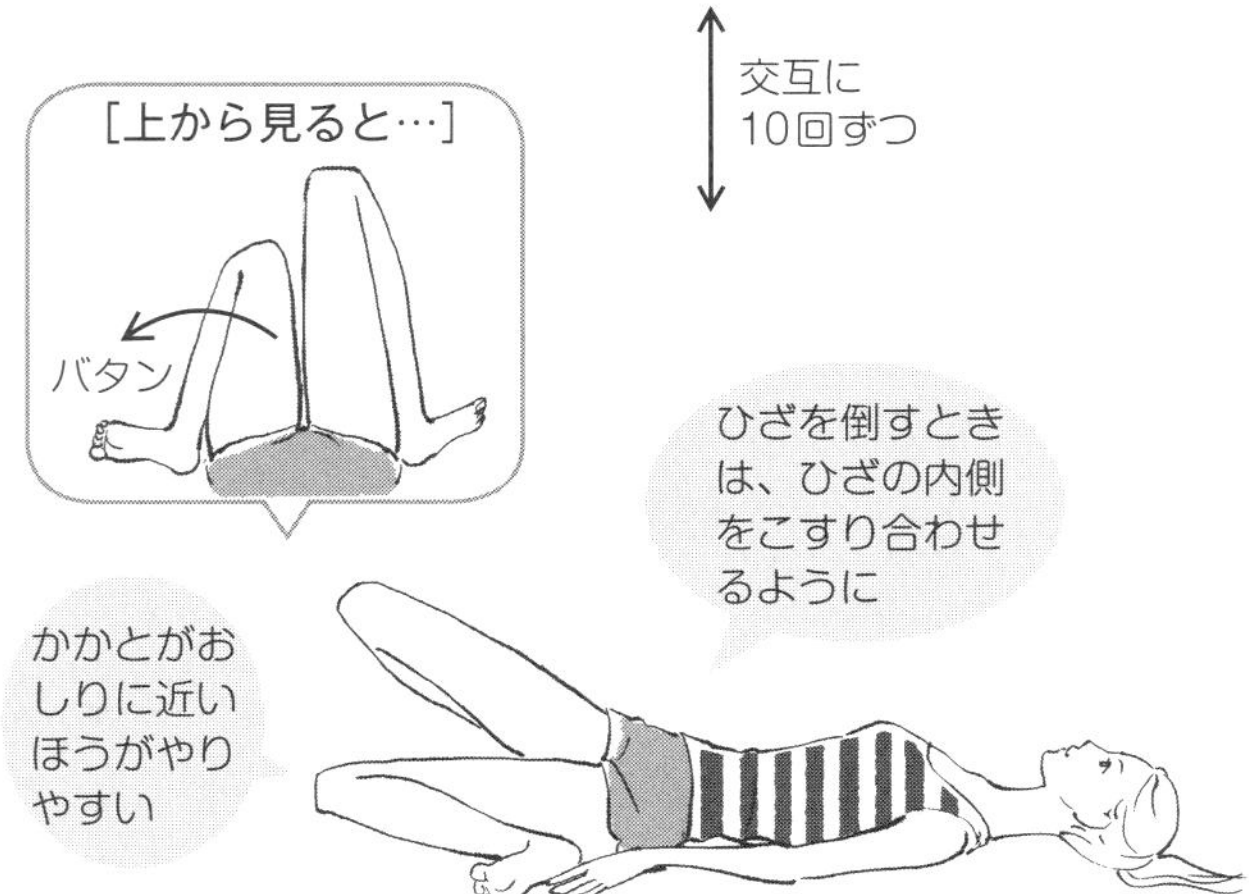
交互に
10回ずつ
[上から見ると…]
バタン
ひざを倒すときは、ひざの内側をこすり合わせるように
かかとがおしりに近いほうがやりやすい

⬅次ページへ続く

※①〜③の動きで、骨盤が動く

④腰を上げる。

次に、骨盤を閉じるポーズ

両ひざをそろえて股を閉じ、腰をゆっくり持ち上げて5秒キープ

⑤腰をストンと落とす。

仙骨《せんこつ》（腰とおしりの中間あたり）を床にぶつけるようなイメージで落とす

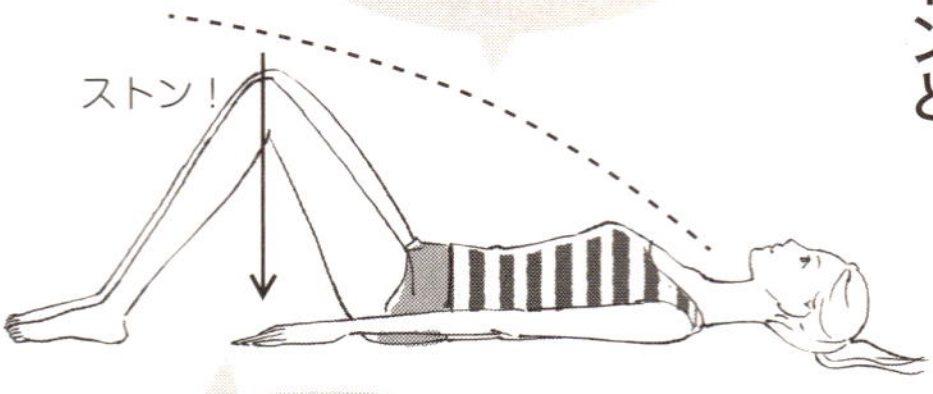

勢いよく落とすほうがおしりが締まる

※④～⑤の動きで、骨盤が閉まる

からだが左右どちらかに傾いてバランスが悪い人、ポッコリと下腹が出ている人は、骨盤のずれが原因です。

ふつうに生活していても骨盤のゆがみは出やすいものです。正常な位置に戻そう、という心がけておけば、ゆがみの悪化を防げます。

第5章

座り方、立ち方、歩き方を意識してもっときれいに

座るときの姿勢、ゆがんでいませんか？

《基本の座り方》
背すじを伸ばし、浅く腰かける

椅子に座るときは、浅く腰かけましょう。背もたれに背をくっつけると、どうしても体重をかけてしまうので、正しい姿勢がキープできません。

最初は姿勢を意識する意味で、背もたれから3分の2くらいの位置で浅く座るといいと思います。しゃきっと骨盤を立てるイメージで。慣れないうちは、背中と背もたれの間にクッションを入れてもかまいません。

床に座るときは、両脚をまっすぐ伸ばしましょう。脚に負担をかけないことがいちばんです。正座をするときは、背すじを伸ばして座ります。

基本の座り方

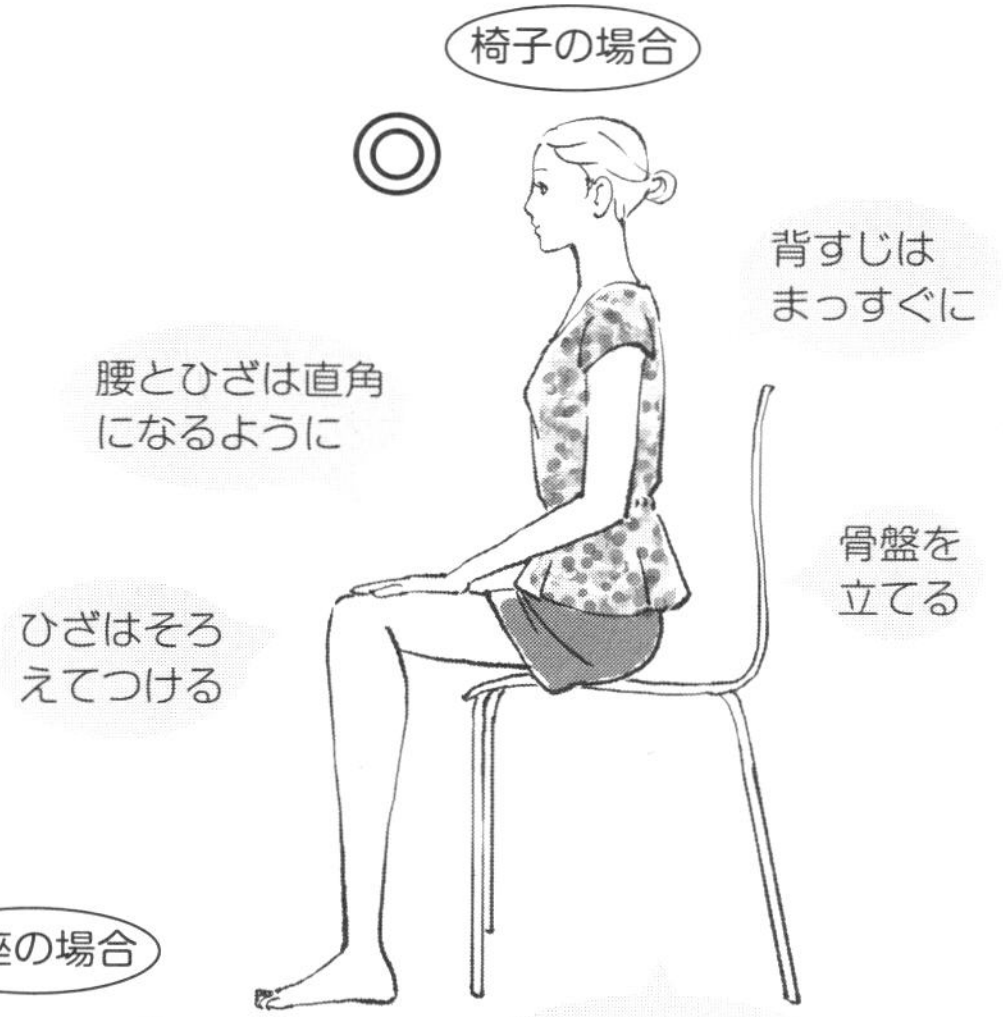
椅子の場合
◎
背すじは
まっすぐに
腰とひざは直角
になるように
骨盤を
立てる
ひざはそろ
えてつける
背もたれから2/3
くらいの位置に

正座の場合
◎
背すじを
伸ばす
かかとはそろえて
その上におしりを
乗せると骨盤がキ
ュッと締まる

《よくない座り方①／椅子の場合》脚を組んだり、ひざを立てたりするのはNG

椅子に座ると脚を組む人がいます。自分が組みやすい脚にかたよりがちで、その方向に骨盤がねじれてしまいます。骨盤がかたよった状態で固まってしまうために、ますますそちら側で脚を組むという悪循環が生まれますので注意してください。脚を組むくせは直したほうがいいでしょう。

同様に、椅子の上でひざを立てることや、猫背になるのもよくありません。背骨に負担をかけ、骨盤がひらく原因になります。

さらにその姿勢のまま、長時間パソコンに向かうなど何か作業を続けていると、骨格がゆがみ、筋肉も固まってしまいます。

デスクに向かうときは、机からこぶし1個分くらい間をあけて座りましょう。首や背骨が曲がらないように、パソコンのモニターの位置も調整を。

よくない座り方①／椅子の場合

× 脚を組む
下になった脚の方向に骨盤がねじれる
背骨も曲がる
× ひざを立てる
ひざを立てると、骨盤がゆがんでしまう
× 猫背になる
背骨がゆがみ、腰に負担がかかる

《よくない座り方②／床の場合》
あぐら、横座りなど……長座以外はすべてNG

床に座るときの正しい姿勢は、長座《ちょうざ》（両脚をまっすぐに伸ばす）だけです。どうしても正座をしないといけない場面で、しびれを防ぐために親指を重ねる人もいるようですが、からだが傾いてしまうのでNG。この姿勢だと、かかとがひらき、その上におしりを乗せると、足首が曲がってしまうのです。

あぐらは股関節が広がるうえ、どちらかの足が上になるせいで骨盤が傾いてしまいます。あぐらがラクな人は股関節がひらきすぎている可能性が。

横座りは骨盤がねじれます。同じ向きで座るくせがついて、ますますねじれがひどくなります。割り座は足首とひざがゆがむのでやめましょう。

体育座りは骨盤のいちばん下にある座骨がひらいてしまいます。長時間座るのはよくありません。

よくない座り方②／床の場合

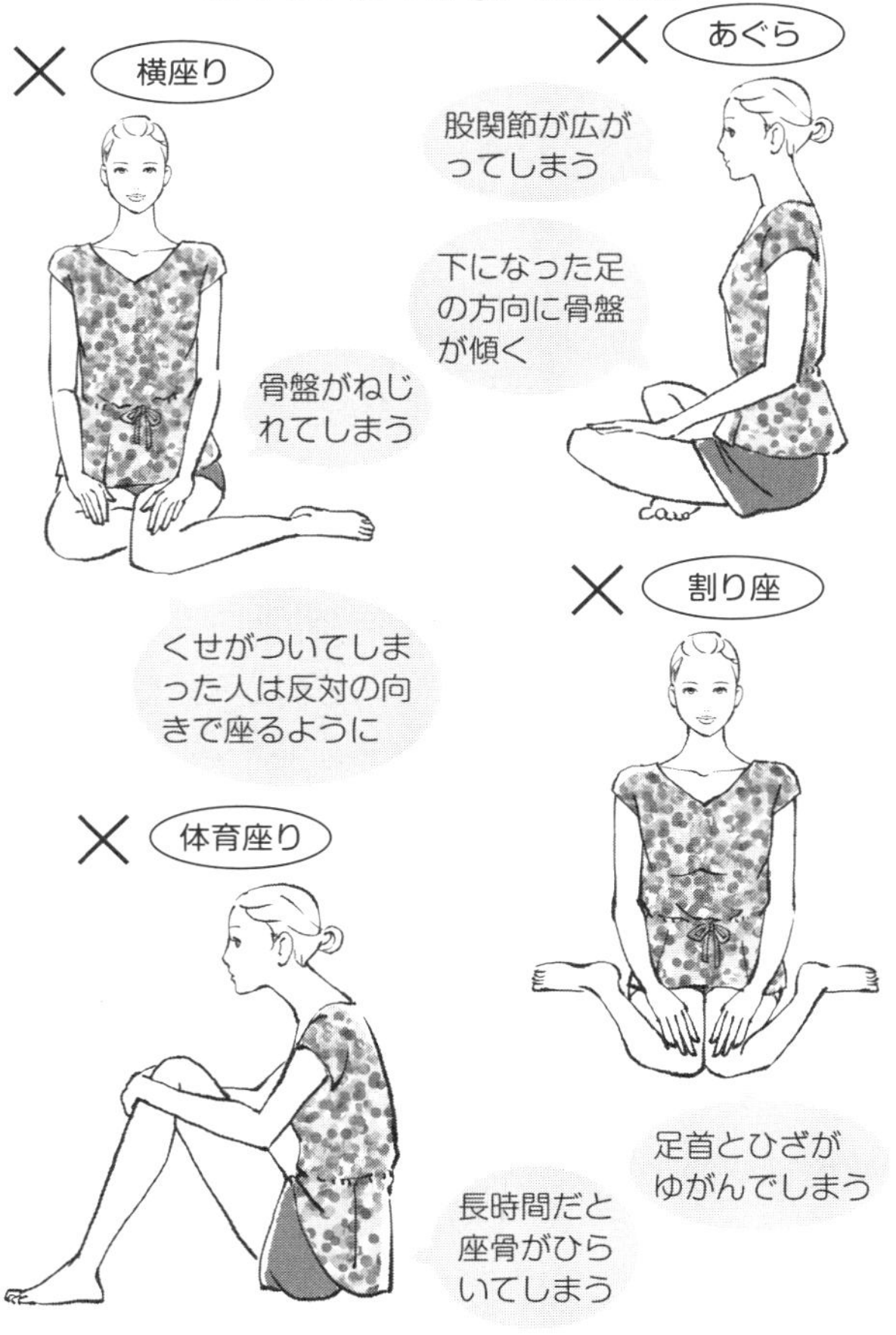

× 横座り
骨盤がねじれてしまう
くせがついてしまった人は反対の向きで座るように
× あぐら
股関節が広がってしまう
下になった足の方向に骨盤が傾く
× 割り座
足首とひざがゆがんでしまう
× 体育座り
長時間だと座骨がひらいてしまう

椅子に座っておこなう①
足ゆびストレッチ

・むくみをとって代謝アップをうながす。
・つま先の冷えをとる。

①右足のかかとで、左足のツボを押す。

オフィスなどで、椅子に座りながらおこなう

②同様に、右足のツボも左足のかかとで押す。

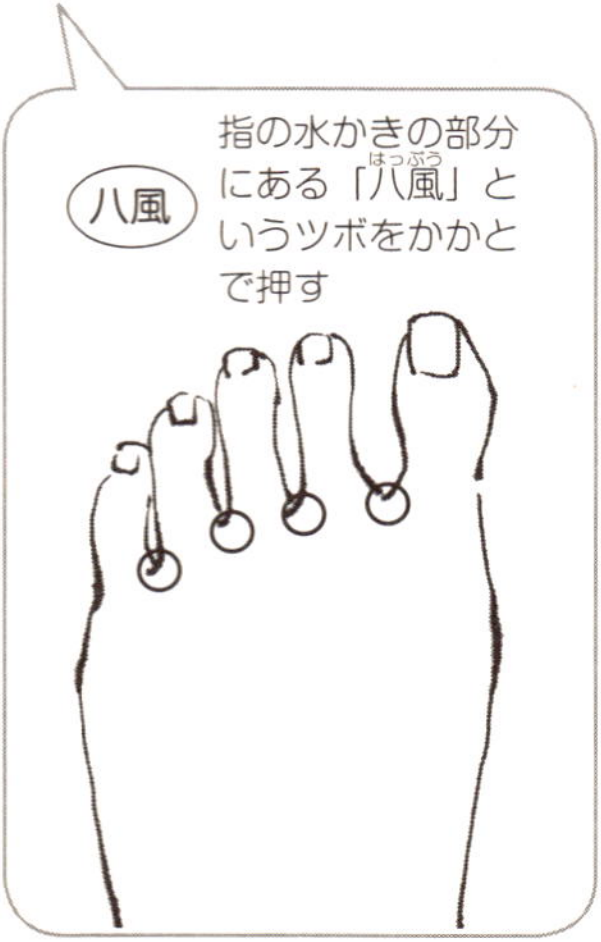
指の水かきの部分にある「八風《はっぷう》」というツボをかかとで押す
八風

冷え症の人はとくに水かき部分が詰まりやすいです。オフィスではかかとで、家では太いペンの先などで八風をぐーっと押してあげて。

椅子に座っておこなう②

足の甲ストレッチ

・むくみをとって代謝アップをうながす。
・土踏まずにアーチがつくられる。

①右足のつま先を立てる。

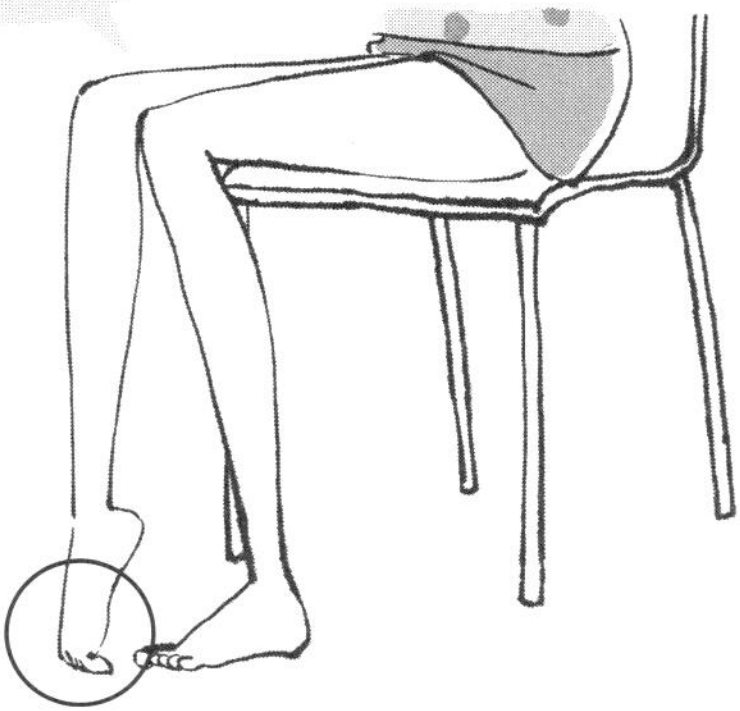
椅子に座り、右足のつま先を立てる

②足の指を曲げる。

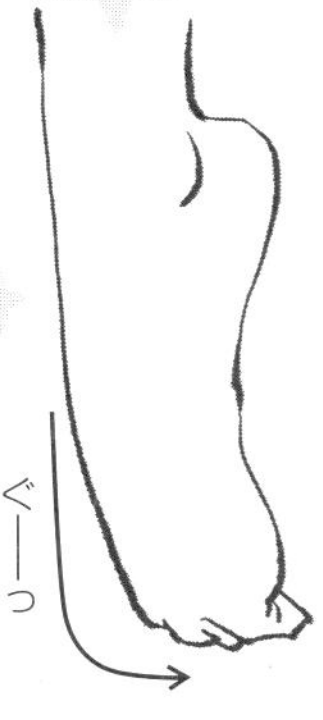
足の甲を伸ばすイメージで、指を内側にぐーっと曲げる
10秒キープ
ぐーっ

③左足も同様におこなう。

足指を曲げるとき、上半身は前のめりにならないように。足の甲がグイーンと伸びていることを意識しながらおこないましょう。

椅子に座っておこなう③

足首ストレッチ

・足首の関節のコリをほぐす。
・血行をよくする。

①脚を組む。

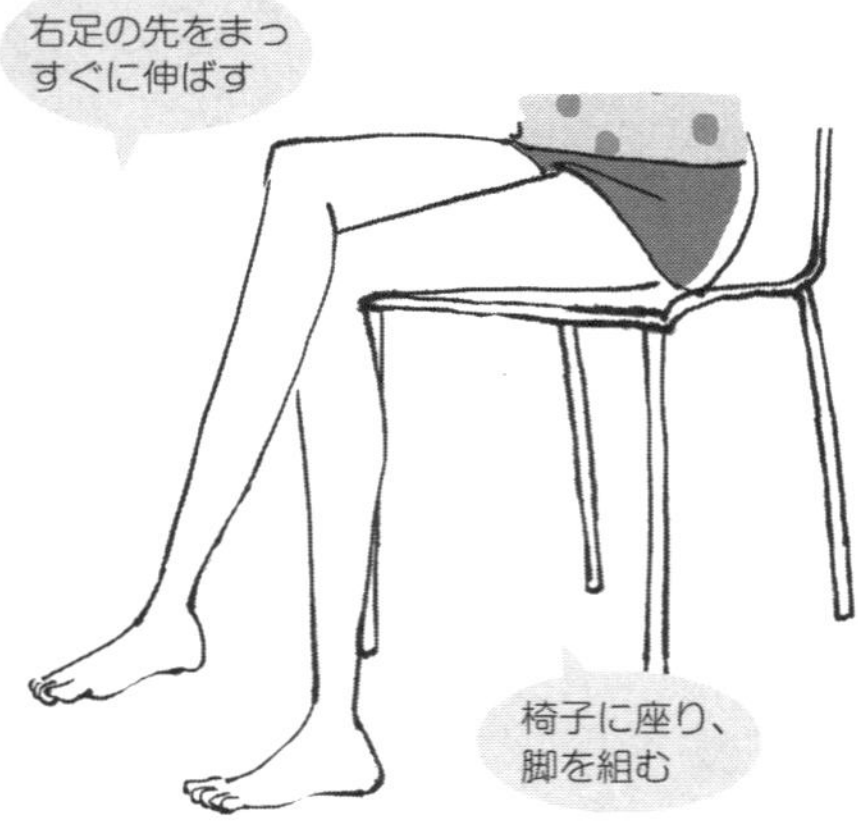
右足の先をまっすぐに伸ばす
椅子に座り、脚を組む

②右の足首を振る。

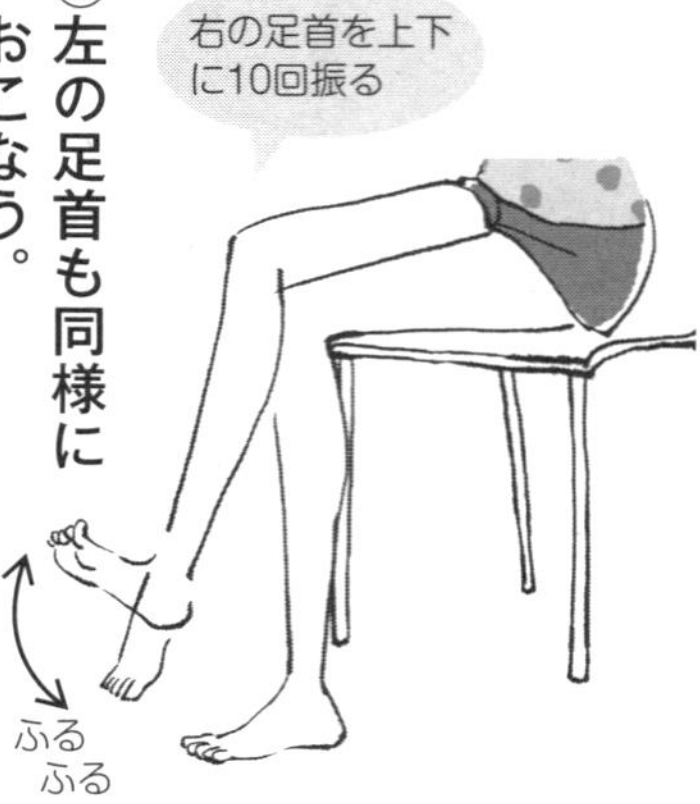
右の足首を上下に10回振る
ふるふる

③左の足首も同様におこなう。

足をブラブラ振る。これだけ！　両足同時におこなってもいいのですが、片方ずつのほうが意識を集中しやすいのでおすすめです。

椅子に座っておこなう④

ひざストレッチ

・ひざの関節のコリをほぐす。
・ひざ下のむくみをとる。

①ひざをくっつける。

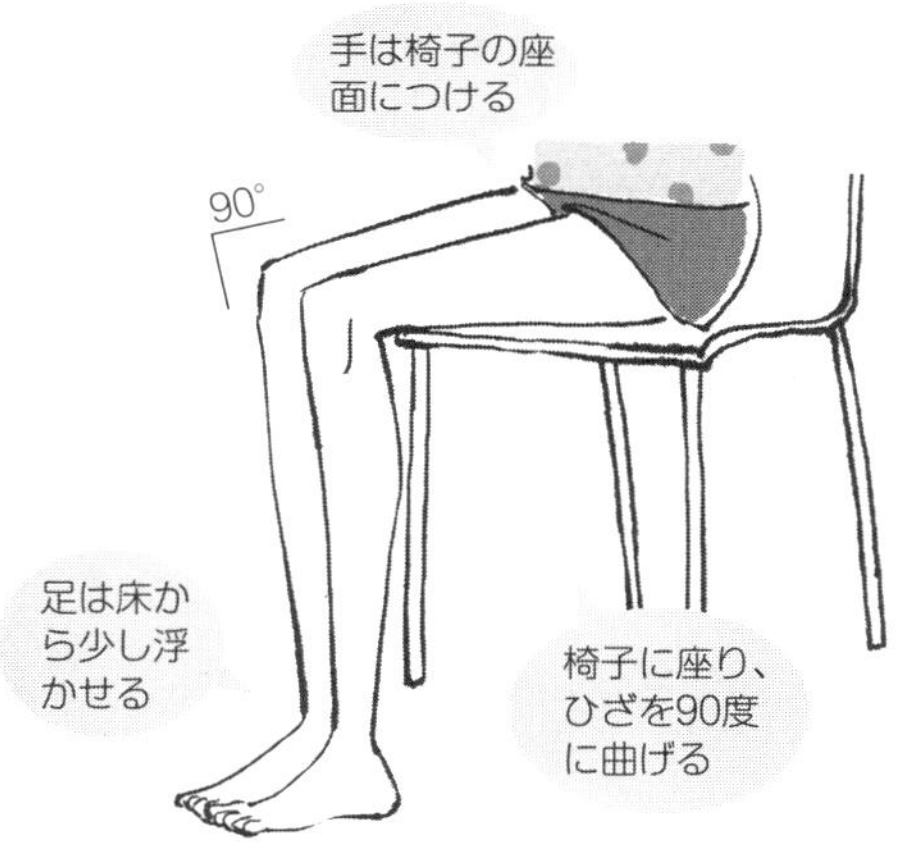
手は椅子の座面につける
90°
足は床から少し浮かせる
椅子に座り、ひざを90度に曲げる

②ひざ下を交互に振る。

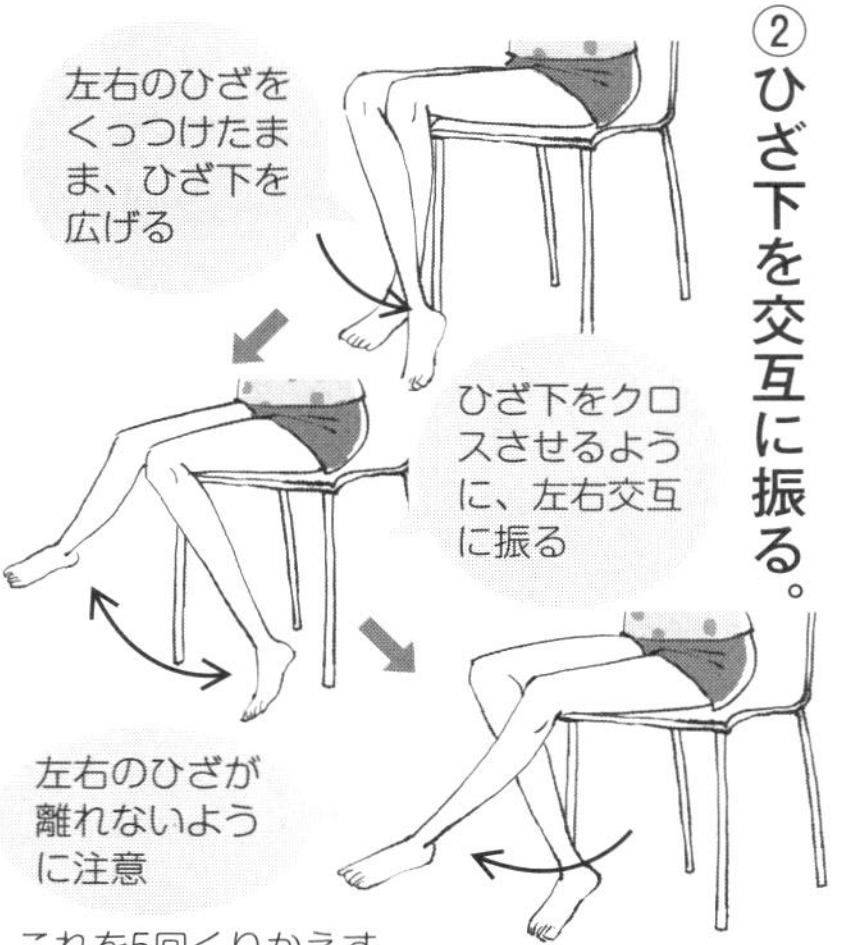
左右のひざをくっつけたまま、ひざ下を広げる
ひざ下をクロスさせるように、左右交互に振る
左右のひざが離れないように注意

これを5回くりかえす

脚を組むのはからだのねじれにつながります。ときどき、椅子の上で片ひざを立てている人を見かけますが、これも同様ですね。

椅子に座っておこなう⑤

ひざエクサ

①右脚を伸ばす。

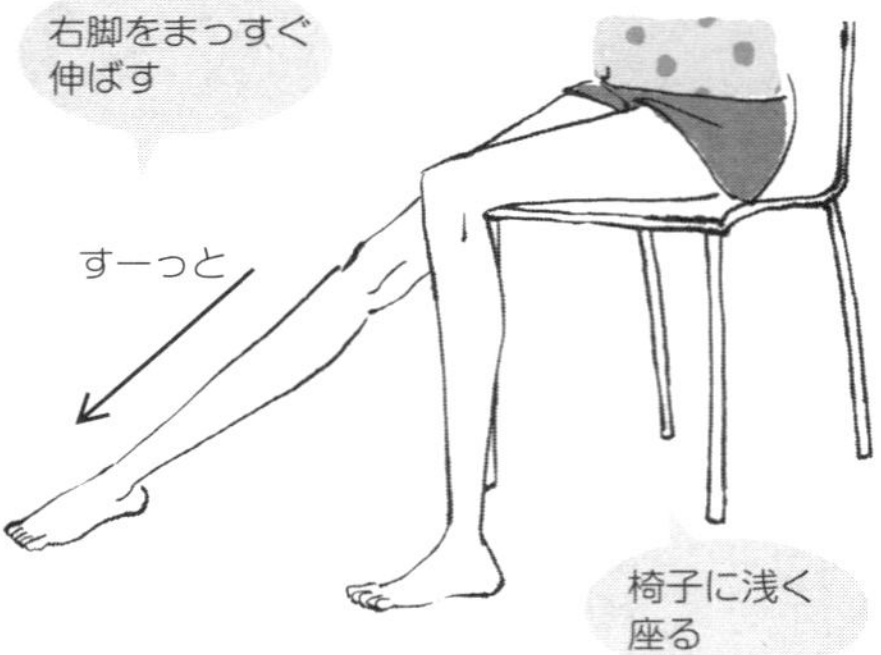
右脚をまっすぐ
伸ばす
すーっと
椅子に浅く
座る

・ひざまわりのぜい肉をとる。
・曲がったひざをまっすぐにする。

②手で右ひざを押しながら、右脚を床から上げる。

③左脚も同様におこなう。

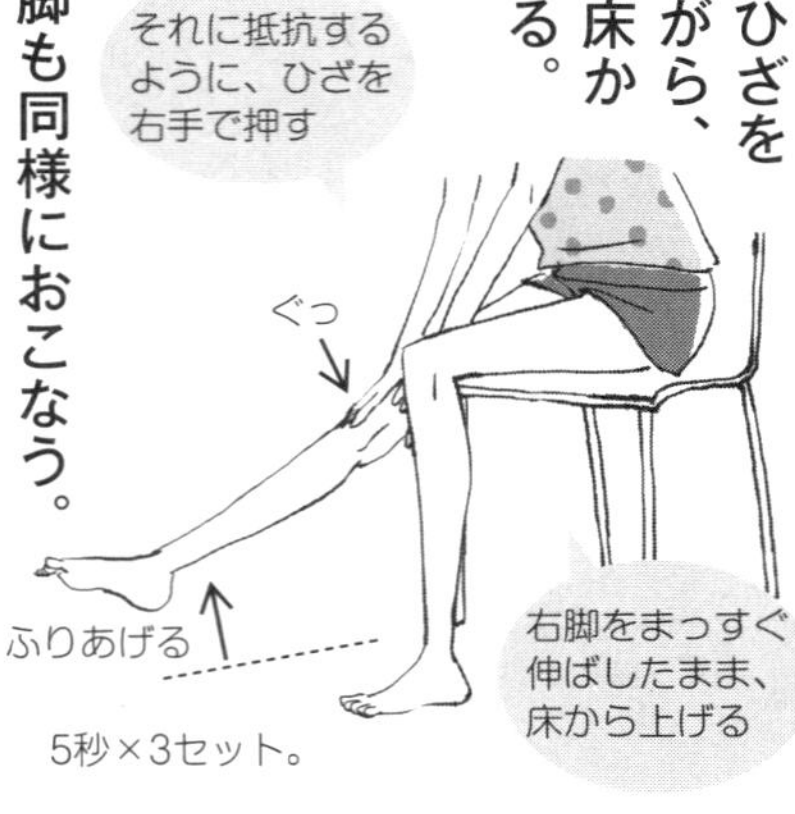
それに抵抗する
ように、ひざを
右手で押す
ぐっ
ふりあげる
右脚をまっすぐ
伸ばしたまま、
床から上げる
5秒×3セット。

地味な動きですが、脚全体の筋肉を使うので、意外と引き締め効果があります。片方ずつおこなうほうが、より意識を集中できます。

椅子に座っておこなう⑥

そけい部マッサージ

・とどこおっているリンパの流れをよくする。
・代謝をアップする。

①そけい部を押す

ぐーっ
手の親指で、ゆっくりと10秒くらいかけて押していく

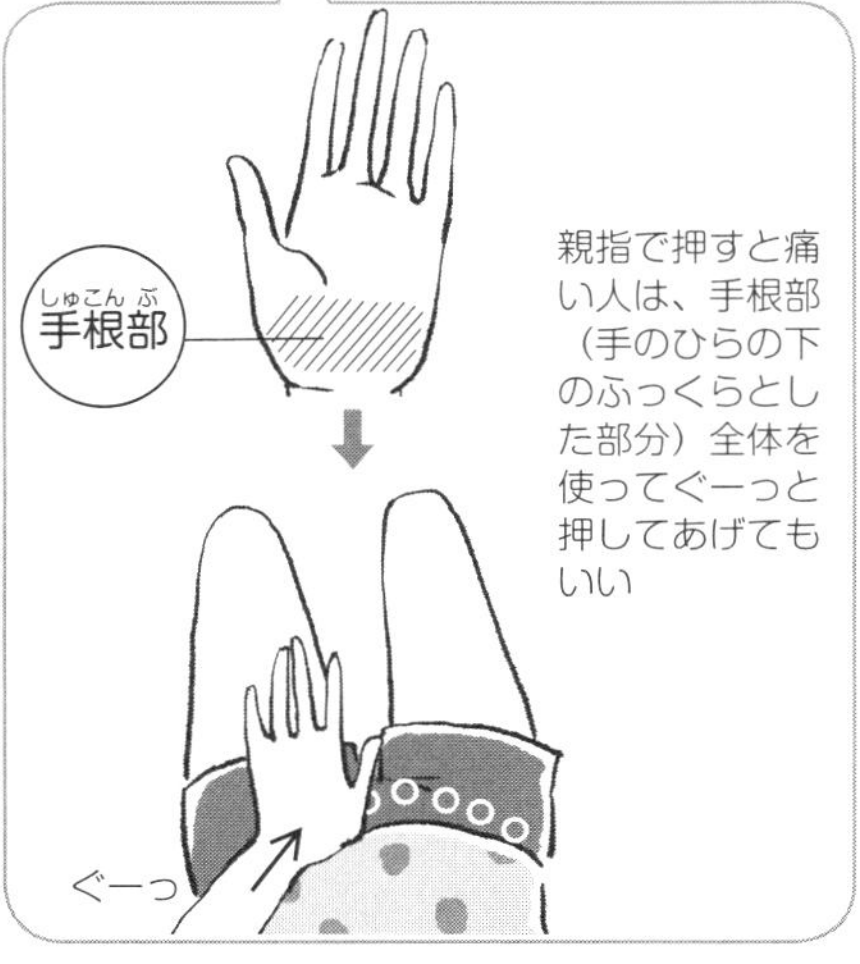
親指で押すと痛い人は、手根部（手のひらの下のふっくらとした部分）全体を使ってぐーっと押してあげてもいい
手根部《しゅこんぶ》
ぐーっ

「ここにある老廃物を流して、代謝を上げるんだ！」という気持ちを込めて、イタ気持ちいいぐらいの力で押しましょう。

立ちっぱなしが続いたら、脚をほぐしてあげましょう

《基本の立ち方》
頭からかかとまで、まっすぐにキープ

正しい立ち方の基本を見ていきましょう。まず、壁に背中をつけて立ってみてください。頭、肩、おしり、ふくらはぎ、かかとの5か所がぴったり壁につくのが理想です。そして腰の後ろの隙間は、手のひら（手の厚み）が入るくらい。それ以上あいている場合は反り腰の可能性があります。

私の教室では、肩とふくらはぎがつかない人が多いのですが、肩がつかないのは猫背になっているから。ふくらはぎがつかないのは、ひざが曲がっているから。左のイラストのように立つと、正しい立ち方に近づきます。

基本の立ち方

◎
視線は
まっすぐ
肩は後ろ
に引くイ
メージ
背すじを
伸ばす
おしりは
突き出さ
ない
おなかは上に引っぱる
イメージで伸ばす（お
腹をへこますイメージ
で腹筋を使う）

《よくない立ち方①》
交差立ち、側面立ち……片足重心はNG

片方の足に重心をかけると、そちら側の筋肉だけが鍛えられてしまいます。重心がアンバランスになってしまうだけでなく、骨盤も傾きます。その状態で股関節やひざに上半身の体重が乗ると、ものすごく負担がかかります。

片方の足を前に出して立つ交差立ちも、骨盤のねじれを招きます。どちらか片方の足を前に出しがちなので、重心が来る足のほうに負担がかかります。

最近は、足首を曲げて内股で立つ側面立ちの人をよく見かけるようになりました。中学生や高校生が「かわいい」と思ってやっているようです。

でも、この立ち方は足首を痛めてしまいます。重心も外側に傾いて、ひざや股関節を痛める原因になります。

よくない立ち方①

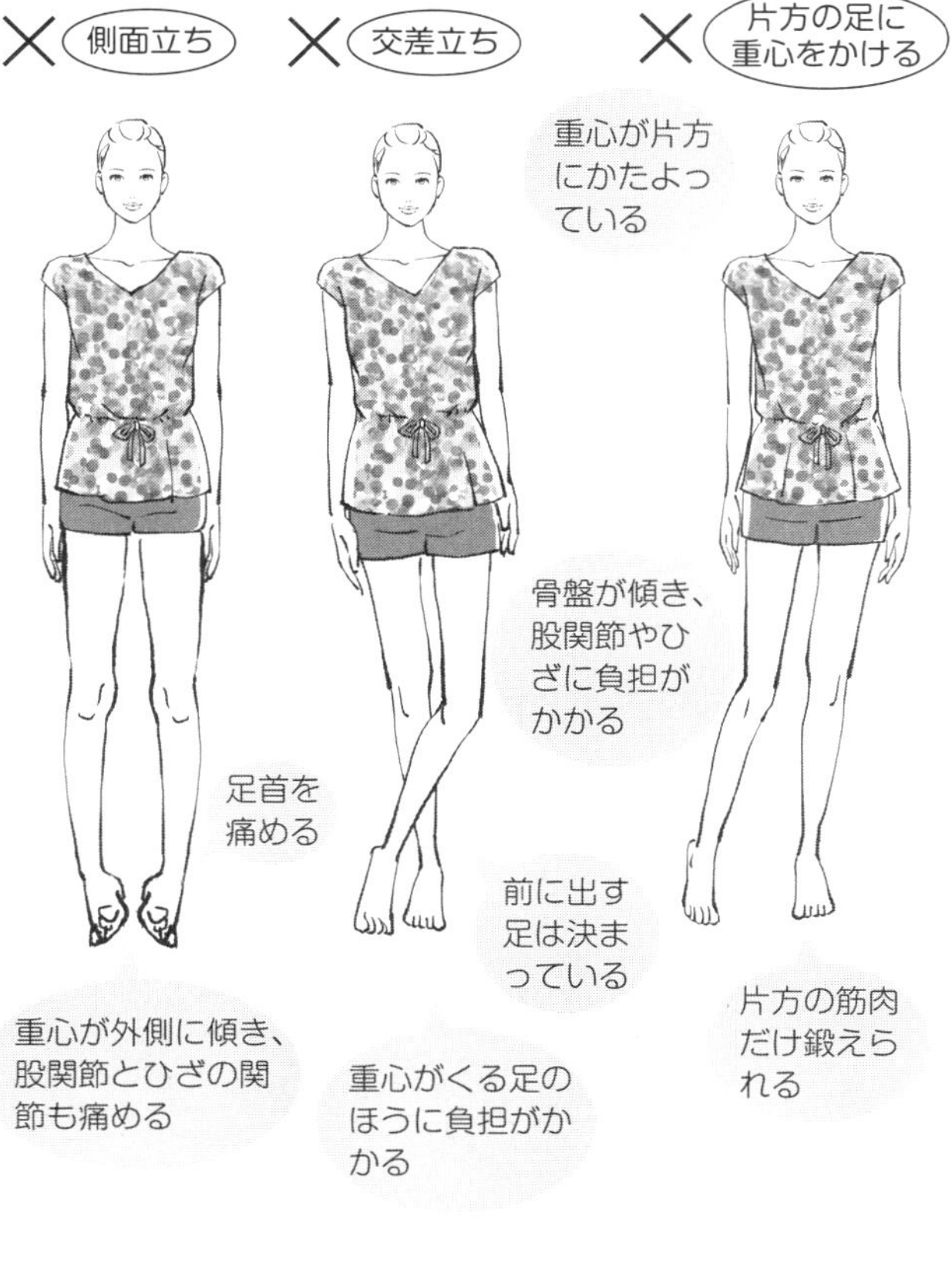
×側面立ち
×交差立ち
×片方の足に重心をかける
重心が片方にかたよっている
骨盤が傾き、股関節やひざに負担がかかる
足首を痛める
前に出す足は決まっている
片方の筋肉だけ鍛えられる
重心が外側に傾き、股関節とひざの関節も痛める
重心がくる足のほうに負担がかかる

《よくない立ち方②》

猫背、反り腰……内臓にも負担がかかる

猫背は日本人に多く見られる姿勢です。背中を丸め、恥骨を前に出した姿勢は、見るからに疲れているようで、外見的にもよくありません。また、背骨が曲がることで、内臓に負担をかけ、全身の不調を招くこともあります。

猫背を直そうと背すじに無理に力をいれると、反り腰（おなかが前に出ておしりも出っぱる）になってしまいます。この姿勢は腰にものすごく負担をかけます。おしりが出っぱることで、腹筋に力が入らなくなって、腰を支えられなくなるのです。

理想は、骨盤がまっすぐ立っている状態。上半身を下半身の上に垂直に乗せるイメージです。姿勢が気になるときは、おなかに手のひらを軽くあててみて。腹筋を意識すると、上半身が安定して、猫背や反り腰が防げます。

よくない立ち方②

× 反り腰
おなかが前に出て、おしりも出っぱる
腹筋に力が入らなくなる
× 猫背
背骨が曲がると内臓に負担がかかる
無理に背すじに力を入れると反り腰に

立ったままおこなう①
足首ストレッチ

・足首の関節のコリをほぐす。
・ふくらはぎを引き締める。

①まっすぐ立つ。

椅子や壁に手をつくと安定しやすい
両脚をそろえて立ち、背すじを伸ばす
足幅は少しひらいてもOK

②両足のつま先を上げる。

かかとを軸にして両足のつま先を上げる

③つま先を下ろす。

ひざは曲げないように

④つま先立ちになる。

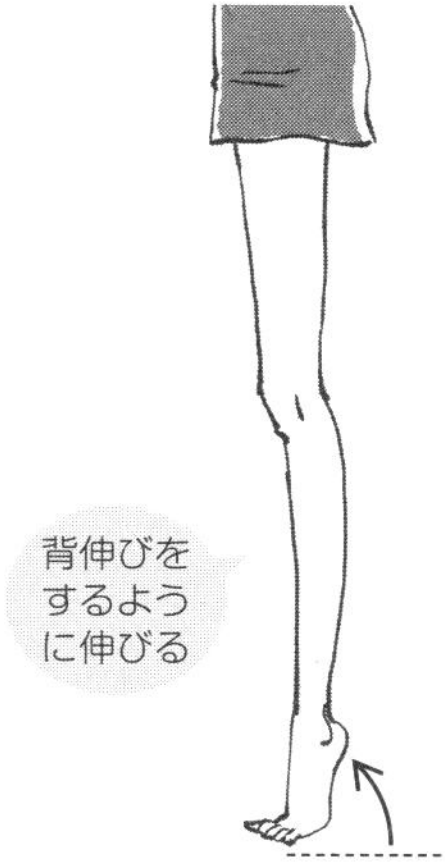
背伸びをするように伸びる

⑤かかとを下ろす。

⑥

②～⑤を5回くりかえす。

一定のスピードでリズミカルにおこなうと効果が上がります。オフィスでコピーをとりながらなど、ちょっとした時間にどうぞ。

立ったままおこなう②
太ももストレッチ

・張っている前ももの筋肉をほぐす。
・足の甲のアーチを刺激する。

①まっすぐに立つ。

両ひざをそろえてまっすぐに立つ

②右脚を曲げる。

右手を後ろに回し、右足を押さえる
片脚立ちになり、右脚を後ろに曲げる

③右脚の前ももを伸ばす。

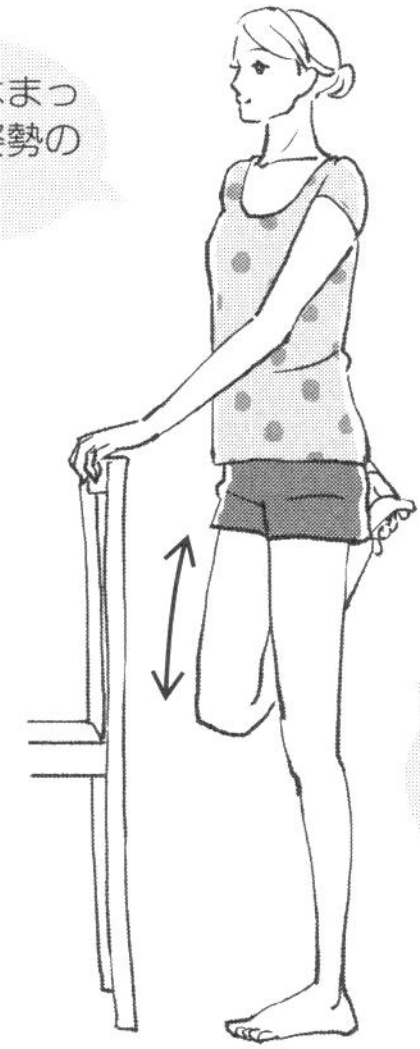
上半身はまっすぐな姿勢のまま
バランスがとりづらい人は椅子などに手をついて支える
右脚の前ももを伸ばして5秒キープ

④左脚も同様におこなう。

左脚を曲げ、前ももを伸ばして5秒キープ

内ももがたるんでいる一方で、前ももの筋肉は張っている、とお悩みの方が多いですね。地味な動きですが、意外に効くんですよ。

立ったままおこなう③

おしりマッサージ

・おしりのたるみを引き締める。
・おしりのコリをほぐす。

①おしりのほっぺをたたく。

両手のこぶしで大転子のまわりをトントンとたたく
トントン
トントン

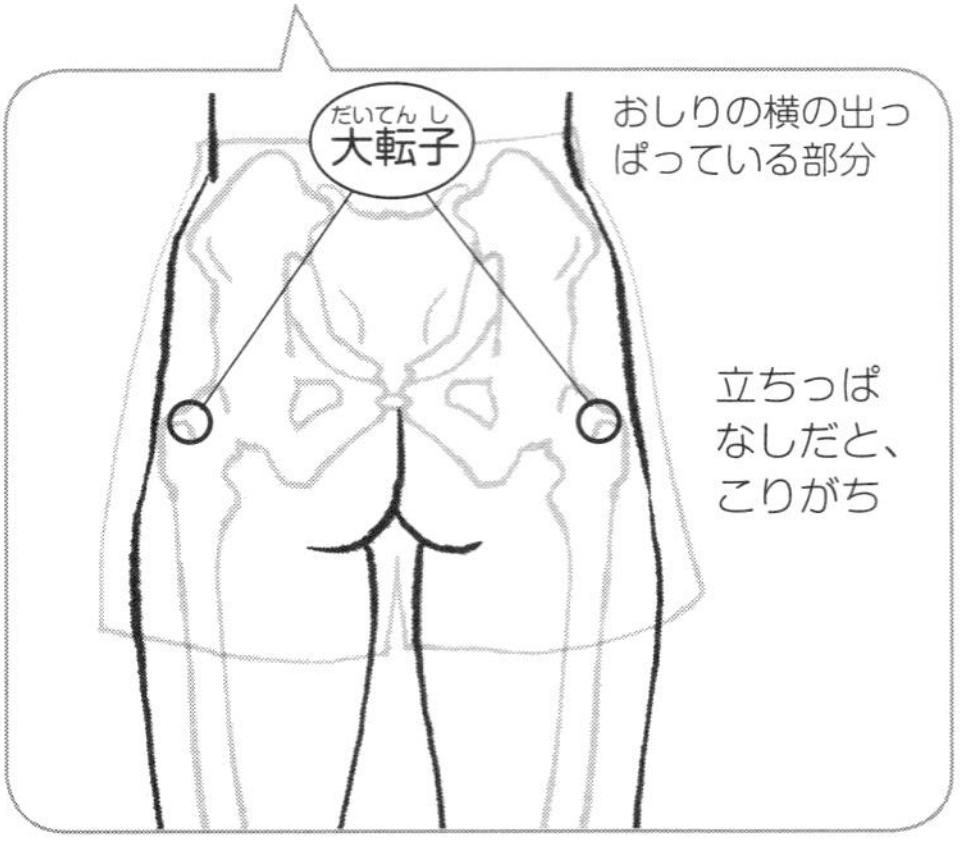
大転子《だいてんし》
おしりの横の出っぱっている部分
立ちっぱなしだと、こりがち

②おしりの骨をたたく。

両手のこぶしで仙骨のキワをトントンとたたく
トントン
トントン

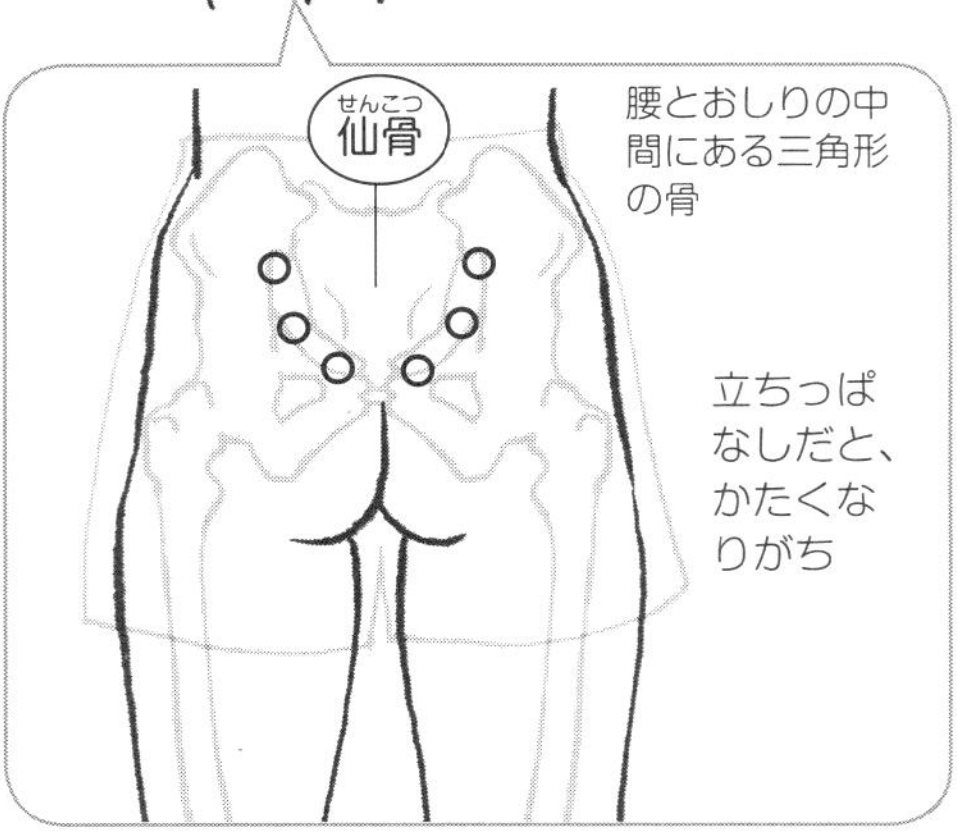
仙骨《せんこつ》
腰とおしりの中間にある三角形の骨
立ちっぱなしだと、かたくなりがち

おしりって意外にこりやすいんです。オフィスだとあまり大きな動きは難しいですが、これだとこっそり簡単にできますよね。

立ったままおこなう④
太ももエクサ

・内転筋（太ももの内側の筋肉）を鍛える。
・太もも～ひざのラインが美しく整う。

①まっすぐに立つ。

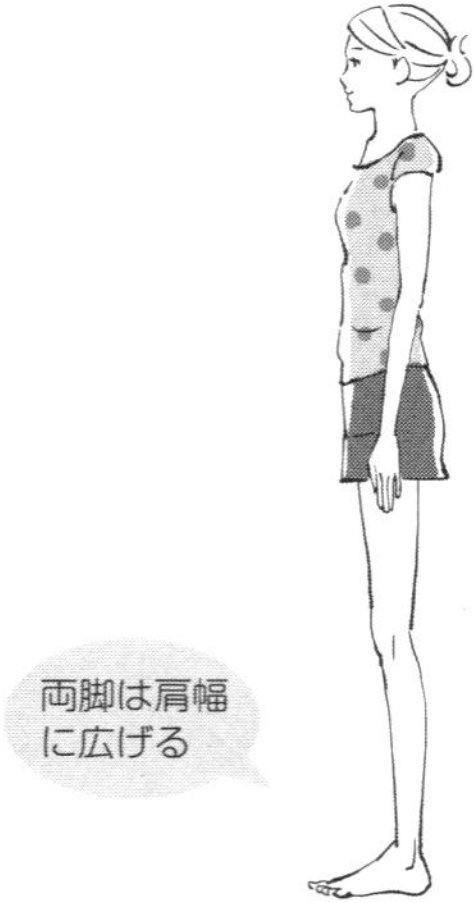
両脚は肩幅に広げる

②右脚を前に出す。

右脚を少しだけ床から浮かし、からだの前に出す
両脚とも、ひざは曲げない
床から上げすぎなくていい

③右脚を左に揺らす。

右脚をゆっくり
左に動かして、
5秒キープ

④左脚も同様におこなう。

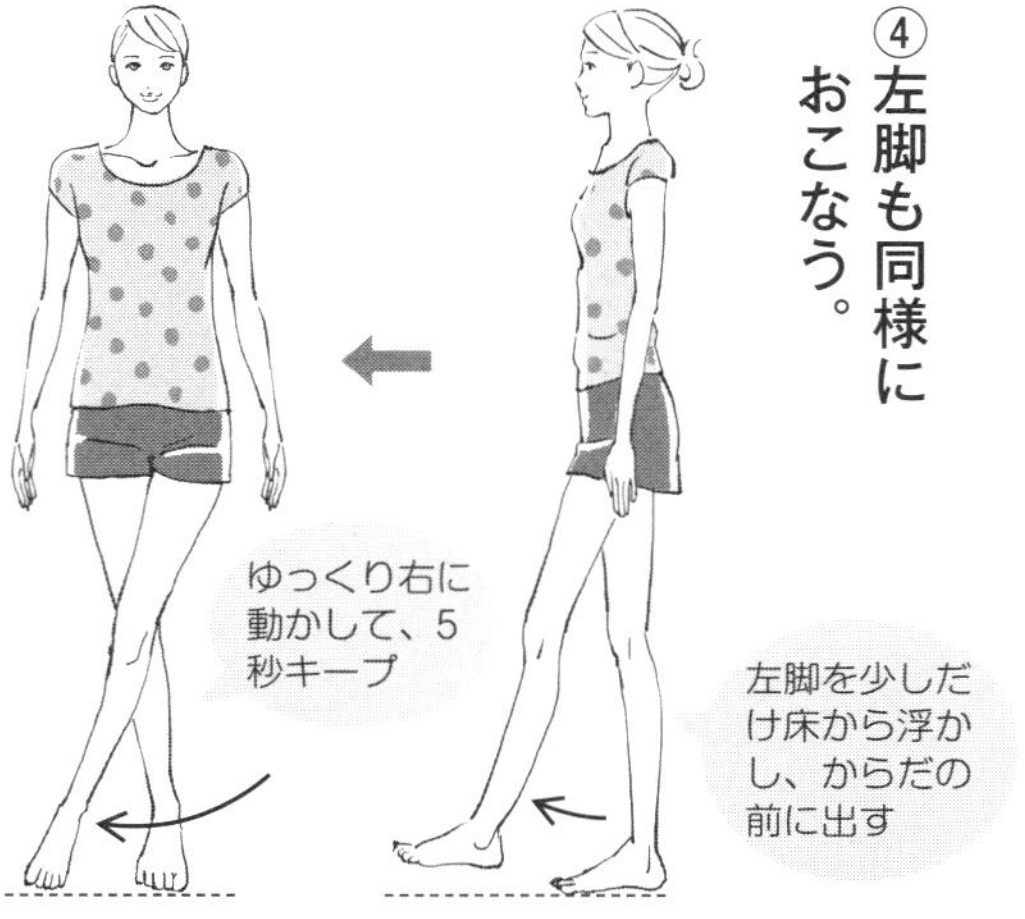
左脚を少しだけ床から浮かし、からだの前に出す
ゆっくり右に動かして、5秒キープ

脚は大きく上げたり、大胆に揺らしたりする必要はありません。ちょっと浮かして動かす程度でも、じゅうぶんに効果が出ます。

立ったままおこなう⑤
ひざエクサ

・内ももやおしりの後ろ側の筋肉を鍛える。
・足首・ひざ・股関節のゆがみを整える。

①まっすぐに立つ。

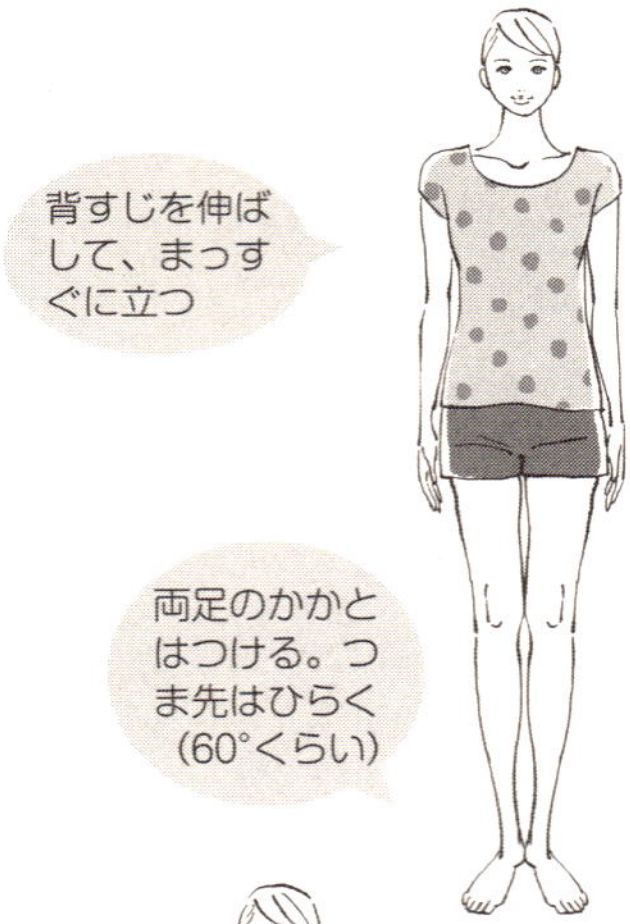

背すじを伸ばして、まっすぐに立つ
両足のかかとはつける。つま先はひらく（60°くらい）

②両ひざをひらく。

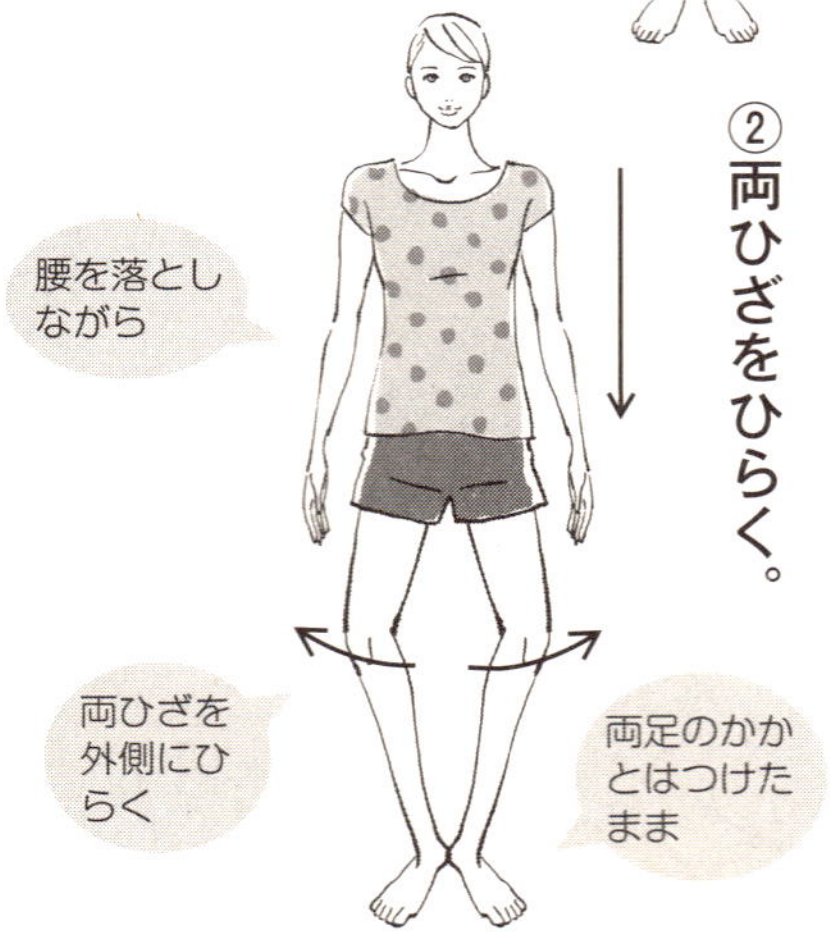

腰を落としながら
両ひざを外側にひらく
両足のかかとはつけたまま

③両ひざを閉じる。

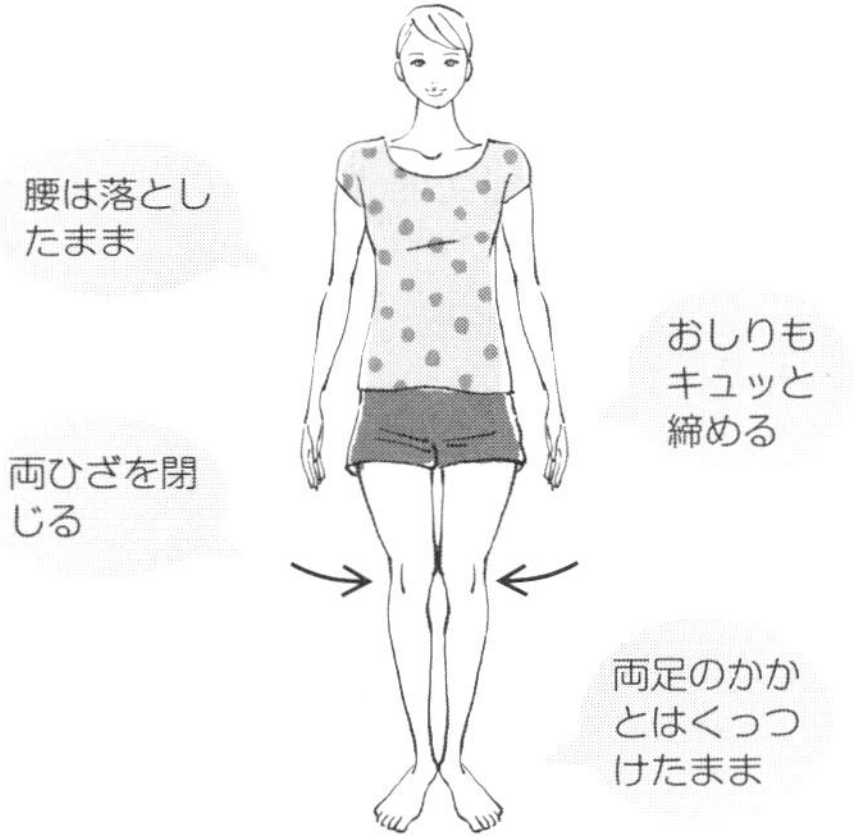

腰は落とし
たまま
おしりも
キュッと
締める
両ひざを閉
じる
両足のかか
とはくっつ
けたまま

④背すじを伸ばす。

腰と背すじ
をまっすぐ
に伸ばす
両足のかか
とはくっつ
けたまま

⑤

②〜④を10回くりかえす。

ふつうのスクワットだと前ももばかりが張ってしまいますが、この方法だと脚全体を鍛えることができます。

生活の基本！　正しい歩き方

《正しい歩き方》3つのポイント

歩くことは日常動作の基本です。

まずは基本の立ち方（P124～125）で立ってみましょう。その姿勢から、ひざとひざをすり合わせるように1歩を踏み出してください。

歩幅の目安は、肩幅＋足幅ひとつ分。腕を少し振ると、大きく踏み出せます。目の前の人に足の裏を見せるイメージで歩き、かかとから着地します。

①アキレスけんが伸びているか、②ひざの裏が伸びているか、③おしりの筋肉が使えているか。この3点をクリアできれば、正しい歩き方ができています。

正しい歩き方

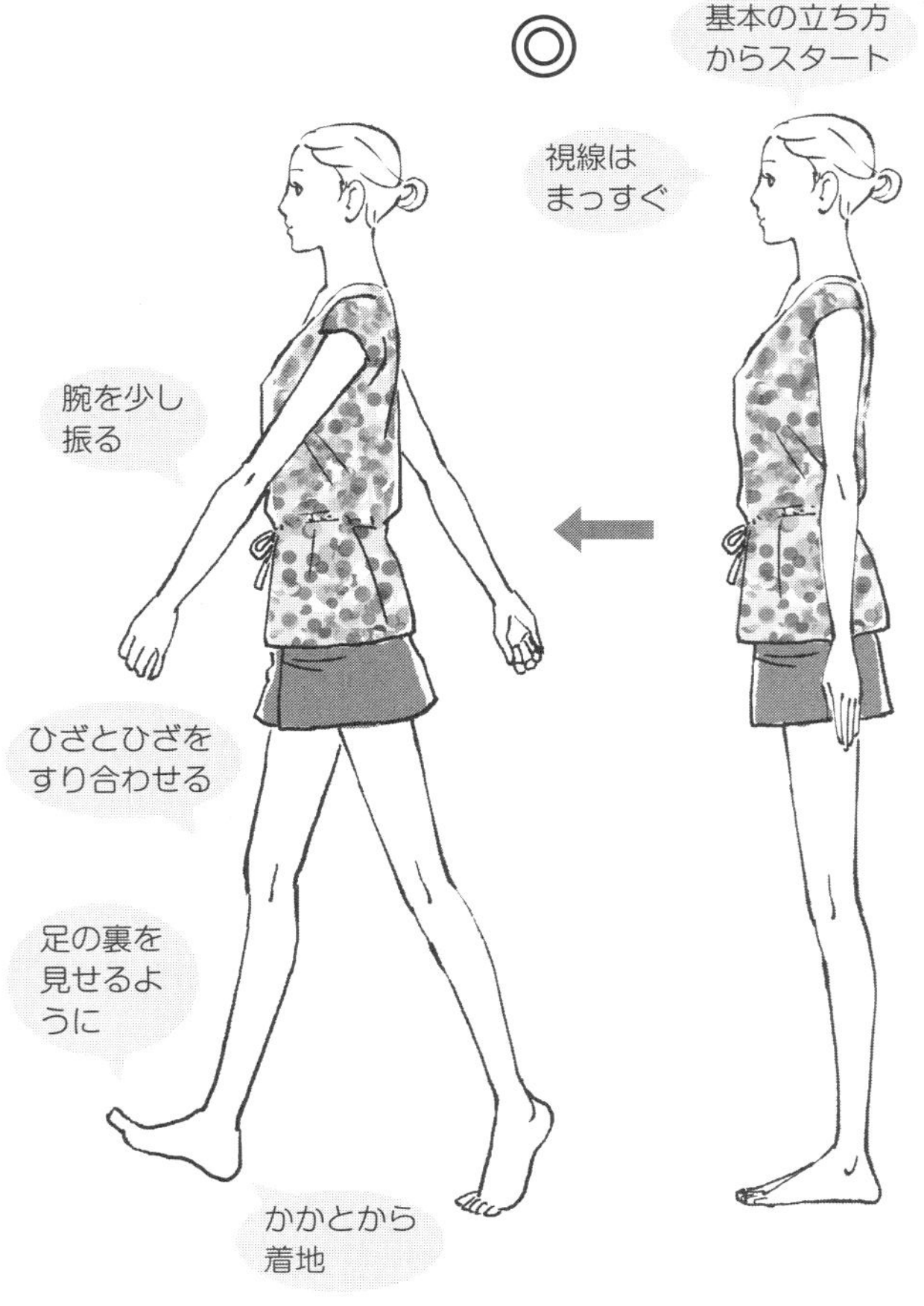
◎
基本の立ち方
からスタート
視線は
まっすぐ
腕を少し
振る
ひざとひざを
すり合わせる
足の裏を
見せるよ
うに
かかとから
着地

代謝が上がるコツは歩幅を大きくとること

ウォーキングを習慣にする人も珍しくありませんが、小さい歩幅でちょこちょこ歩いていたのでは、意味がありません。どんなに長い距離を歩いても、代謝が上がらないので、もったいないと思います。

効率的なウォーキングのコツは、歩幅を大きくとることです。足を肩幅にひらき、足幅ひとつ分さらに広げて、そのまま横を向くと、理想的な歩幅になります。やや広く感じるくらいがちょうどいいのです。

歩幅を大きくするだけで、足首、ひざ、股関節、骨盤のすべてを動かすことになり、全身の血行が促進されます。

少ない距離でも歩幅を大きくとって歩いたほうが、はるかに代謝が上がって、やせる効果が期待できます。

代謝の上がる歩き方のコツ

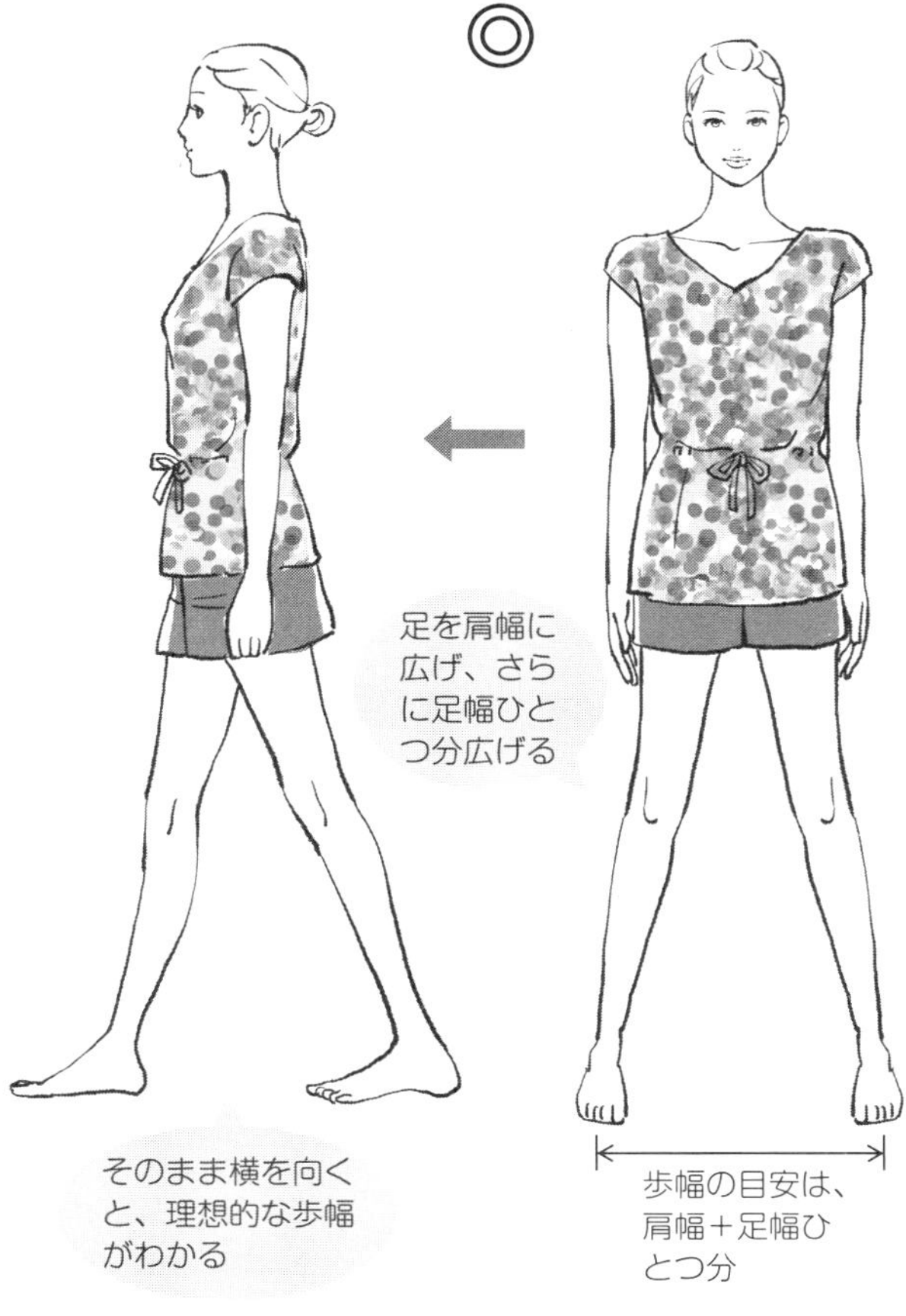
◎
足を肩幅に
広げ、さら
に足幅ひと
つ分広げる
そのまま横を向く
と、理想的な歩幅
がわかる
歩幅の目安は、
肩幅＋足幅ひ
とつ分

悪い歩き方を続けていると歩行困難になることも……

歩くときの姿勢が悪いと、足首やひざ、股関節など大切な関節に負担をかけてしまい、歩行困難になってしまうことがあります。

間違った歩き方をすると、体重のかけ方がずれてきて、からだに深刻なダメージを与えてしまうんです。

仕事で高いヒールをはかないといけない場合もあると思います。そんなときは、せめて両足にしっかりと重心をかけるようにして立ちましょう。この場合、足先はそろえなくてもかまいません。

また、どうしてもつま先のほうに体重がいきやすくなるので、靴のかかとのほうに体重をかける気持ちでいること。そうすればヒールでも比較的安定して、立ったり歩いたりできます。

第6章

脚にやさしい生活のススメ

靴選びは「足に負担をかけない」を基準に

合わない靴をはくのはNG
シューフィッターに選んでもらおう

自分の足に合わない靴をはくと、血流をさまたげる原因になります。靴に足を合わせるのではなく、あくまでも自分の足に合った靴を選ぶこと。

左右で足の形が違う人も多いので、靴を選ぶときはシューフィッターに相談するのがいちばんです。足の幅や甲の高さを測ってもらい、かかととつま先がぴったり合うように、中敷きを選んでもらいましょう。

朝と夕方では、足のむくみが違ってきます。夕方になったら中敷きをはずす、

1枚だけかかとに当てる、といった工夫をすることも大事です。

からだのためには歩くことがいちばん！

長いこと同じ姿勢でいたり、からだを動かさないでじっとしていると、筋肉が衰えてしまいます。脚がむくんで太くなる原因にもなります。

運動不足だと感じたら、ひと駅前で降りて歩くなど工夫をして、できるだけ歩きましょう。歩くことで血流が良くなり、代謝も活発になります。

オフィスではゆったりした靴にはき替えて足指をいたわる

高いヒールは脚が長く見えてステキですが、足首が固定されやすいため、血液の循環がとどこおりがちです。脚にかける負担も大きく、実際にひざが曲がってしまっている人をよく見かけます。

ヒールの高さは、せいぜい6～7㎝までにして。

ただし、その高さでちゃんと歩けるならいいのですが、キツイと感じるなら、3～5㎝くらいにとどめるなど、自分にとっていちばん歩きやすいヒールの靴を選びましょう。

どちらにしても、ヒールのあるパンプスは、脚への負担が大きいです。オフィスについたらゆったりとした靴にはき替え、足指をいたわってあげましょう。

高いヒールをはくからには筋力をつけないと……

ファッション誌のモデルさんたちは、高いヒールをさっそうとかっこよくはきこなしていますが、そのために撮影の合間にエクササイズをしたり、食事に気をつけて体重を増やさないようにコントロールしたりしています。

高いヒールをはきこなすには、つま先で体重を支えるだけの筋力をつけることが必要なんです。

食事をかしこくとって美脚に近づこう

むくまない食
太らない食を目指して！

食欲のままに思いっきり食べたり飲んだりでは、むくみの原因となる塩分や糖分をとりすぎるだけでなく、内臓に負担がかかってしまいます。

おまけに、食べすぎるクセがつくと、体重増加に歯止めがかからなくなってしまいます。エクササイズをいくらがんばっても、これでは台無し。

脚のためには、「むくまない食事、太らない食事」を心がけましょう。栄養のある食材をかしこく選んで、いつもほどほどの量におさえることが美脚に近づく食事の基本です。

大根、ねぎ、しょうがなどからだを温める食材は積極的にとる

食生活がかたよると、からだの内側から冷えがはじまります。からだの冷えはむくみの大きな原因となります。大根やねぎ、しょうがなどは、冷えたからだを内側から温める食材。積極的に食事にとり入れて体温を上げ、むくみにくいからだをつくりましょう。

カルシウムとマグネシウムを同時に摂取すると骨が丈夫になる

外食が続いたり、ダイエットで食事制限をしていたりすると、どうしても栄養のバランスはかたよります。

とくにカルシウムが不足しがち。カルシウムは骨をつくる大事な成分です。若くてもカルシウム不足の状態が続けば、骨がスカスカになり、美脚にも悪影響があります。

1日にとりたいカルシウム量は、けっこう多くて、牛乳なら200mlびんで約3本。めざしなら26尾が目安。食事でとるのはなかなか大変です。

また、マグネシウムも骨には必須の成分。マグネシウムがなければ、カルシウムがうまく骨に吸収されません。

もちろん食事でとるのが理想的ですが、難しいときはカルシウムとマグネシ

ウムがバランスよくとれるサプリメントでうまく補いましょう。

塩分と糖分をとりすぎるとむくみやすい体質に

塩分や糖分のとりすぎも、むくみやすい体質をつくる原因になるので要注意です。体内に過剰に取り込まれると、体内の濃度を一定に保つために、水分がたくわえられ、その結果、脚やからだがむくんでしまうのです。

塩分ひかえめの食事を心がけ、甘いものもほどほどにしたいものです。

清涼飲料水やアルコールの飲みすぎはNG

「水を飲みすぎるとむくむから」と、なるべく飲まないようにしている人がいますが、じつは逆なんです。水を飲むと水分の排出がうながされるため、むくみを解消する効果があります。

1日にとりたい水分量は、体重×40ccほど。からだを動かしてあげれば、水分がうまくからだに浸透し、循環がうながされ、水分の排出へとつながります。

冷たい水はからだを冷やすので、常温の水を飲むようにしましょう。

注意したいのは塩分、糖分が多く含まれる清涼飲料水のとりすぎ。アルコールもまた、飲みすぎるとむくみの原因となります。

流行りのダイエットに飛びつかない

食事制限ダイエットがいろいろと流行っていますが、聞きかじりで飛びつくのはやめましょう。指導してくれる人がいれば別ですが「自己流に、なんでもかんでもやってみる」というのは危険です。

人によって相性もあります。一歩まちがえれば体調を悪くし、やせて美しくなるどころか、筋肉が衰えて貧相に見えるという落とし穴が……。

毎日お風呂に入って代謝をアップ

バスタブにつかって足ゆびストレッチを

足指が動かないという人は、血行が悪く、からだが冷えやすい人がほとんどです。

バスタイムを上手に使えば、ストレッチの効果が上がり、代謝アップが期待できます。

最近はシャワーですませる人が多いようですが、それだけだとからだを芯から温めることはできません。

毎日20分ほどはお湯につかりましょう。血行やリンパの流れがよくなり、固

まった筋肉がほぐれて代謝もアップします。

また、お湯につかりながらストレッチをすると、水の浮力によって関節の負担が減りますし、水圧の効果も期待できます。

お湯のなかで足指を動かしたり足首を回したりして、リラックスしながらからだをほぐしましょう。

シャワーの水圧を利用してむくみや疲れをリセット

シャワーの水圧を上手に使うと、足

のむくみや疲れを効果的に取ることができます。やり方は、水圧を強めにして、心臓から遠い順に、手↓脚↓おなか↓腰↓肩と、円を描くようにゆっくり回しながらシャワーをあてます。

脚がむくんでいる人は、湯上りに、足先から太ももに冷たい水のシャワーをかけてあげましょう。

ものすごく疲れた日はとくに、お風呂からあがってからレッグマッサージを入念におこなうと、疲れとむくみを取りさることができます。

「リラックス」と「目覚まし」でお湯の温度を使い分ける

仕事や学校を終えてからの夜のバスタイムは、ゆっくりリラックスできる大事な時間。38度〜40度ぐらいの〝ぬるめ〟のお湯がベストです。

副交感神経が刺激されますから、からだが休まり、のんびりくつろぐことが

できます。お湯につかりながら音楽を聴いたりストレッチしたり、ゆっくり楽しんで。

逆に、朝のバスタイムは、41度以上の〝熱め〟のお湯に短時間つかるほうがいいです。

交感神経が刺激され、「よし、やるぞ」と気分が活発モードに切り替わります。

お風呂に入るときのお湯の温度がたった2、3度違うだけで、入浴効果に違いが出てきます。

ぐっすりと深い睡眠がきれいをつくる

睡眠不足が続くと筋肉が固まってしまう

人間が眠りにつくと、からだをリラックスさせる副交感神経が働き、血流がよくなります。

老廃物や疲労物質を流して、細胞を入れ替えてくれますから、筋肉にたまった疲れも回復していきます。

ところが、寝不足だったり、熟睡できない状態が続くと、からだを活発にする働きのある交感神経と、副交感神経のバランスが乱れてしまいます。

睡眠不足は、美容にとっても美脚にとっても大きなマイナスです。

睡眠時間は1日6~7時間確保したい！

からだをゆったりと休めて疲れを取り、素肌も含めて全身がリフレッシュするには、睡眠時間を1日6~7時間は確保することが理想です。

ただし、「6~7時間寝ていれば、寝る時間はいつでも大丈夫」ということではありません。毎日だいたい同じ時間に寝るようにすることが大事です。からだのリズムが整えられ、深い眠りを得ることができます。

質の高い睡眠を手に入れるポイント

ハツラツとした、本当の意味での美しさは夜につくられます。ぐっすり眠ることによってメラトニンというホルモンが分泌され、免疫力を低下させる活性酸素を減らしてくれるので、免疫力が上がります。

質の高い睡眠をとるためには、いくつかのポイントがあります。

まず、①夕食は寝る3時間以上前にとるようにしましょう。
②お風呂もぬるめの温度のお湯にゆっくりとつかります。
③枕の高さなど、寝室の環境にもしっかり配慮してください。
④ベッドに入ってもなかなか寝付けないというときは、深呼吸をしながらゆ

るめのストレッチをおこなうと、スムーズに眠りに入ることができます。

夜中の1時以降は深く眠っているのが理想的

内臓の働きが活発になるのは、夜中の1時すぎだといわれます。内臓が活発に働くからこそ、新陳代謝や水分代謝がスムーズにおこなわれるのです。

つい夜ふかしをしてしまいがちですが、美しくなるためには深夜1時以降は、ぐっすり深い眠りに入っているのが理想です。

上半身のケアもとりいれて、むくみ知らずのからだに

上半身が固まったりゆがんだりすると下半身に負担がかかる

鏡にうつる自分の姿をチェックしてみましょう。

左右の肩の高さは同じですか?

もし違っているなら、あなたの上半身はゆがんでいるかもしれません。

たとえばバッグはいつも片方の肩にかけるとか、パソコンの前に長時間座ったまま同じ姿勢を続けるなど、ふだんの生活習慣がゆがみを生じる原因になっていたりします。

最近、パソコンやスマートフォンの使いすぎで首がまっすぐになるストレー

トネックの症状が問題になっています。うっ血と頭痛のほかに、下半身への負担も見逃せません。
　上半身にゆがみが生じたり、固まったりすると、下半身はそれを支えてバランスをとろうとします。とくに骨盤や股関節のまわりの筋肉に負担がかかり、血流が悪くなって冷えやむくみを引き起こす原因に。
　上半身のストレッチを上手に取り入れ、毎日続けることで、上半身のゆがみを解消し、固まった姿勢をほぐしてあげましょう。

むくみは放置せず
その日のうちに解消する

むくみのいちばんの原因は、代謝が悪いこと。

むくみを放置していると、そのまま脚はどんどん太くなるばかりです。

また、からだが重くてやる気が起こらないなど、精神面にもマイナスの影響が出てしまいます。


「きのうのお酒で、今日はむくんでる」などと感じたら、その日のうちに入念なストレッチをして、むくみを解消してあげましょう。

夕方になるとむくむ人も、ちゃんとその日じゅうにケアをしてあげること。

いつも「むくみを翌日にもちこさない」と意識しておきましょう。

とくにむくみのひどい生理前もあえてからだを動かそう

生理前は、ホルモンバランスが変わるために、ただでさえむくみが生じやすくなります。

もともとむくみがちな人は、生理前は輪をかけてむくむことに。

体調がすぐれず「動くのもおっくう」という人も多いかもしれませんが、そんなときこそ、からだを動かしたほうがいいのです。ひと駅分だけ歩くなどかんたんなものでいいので、少しでもむくみを解消してあげましょう。

上半身もゆるゆるに①

腕ストレッチ

・上半身のコリをほぐす。
・上半身のラインを美しく整える。

①上半身を右に傾ける。

両腕を頭上に上げて、上半身をぐーっと伸ばしてから

右に傾けて5秒キープ

②上半身を左に傾ける。

ぐーっ
ふりっ
元の姿勢に
戻り
左に傾けて
5秒キープ

ずっと同じ姿勢でいると上半身の血行も悪くなってしまいます。「こっているな」と気づいたら、このストレッチを試してみて。

上半身もゆるゆるに②

肩ストレッチ

・肩や首のコリをほぐす。
・上半身のラインを美しく整える。

①肩を前に回す。

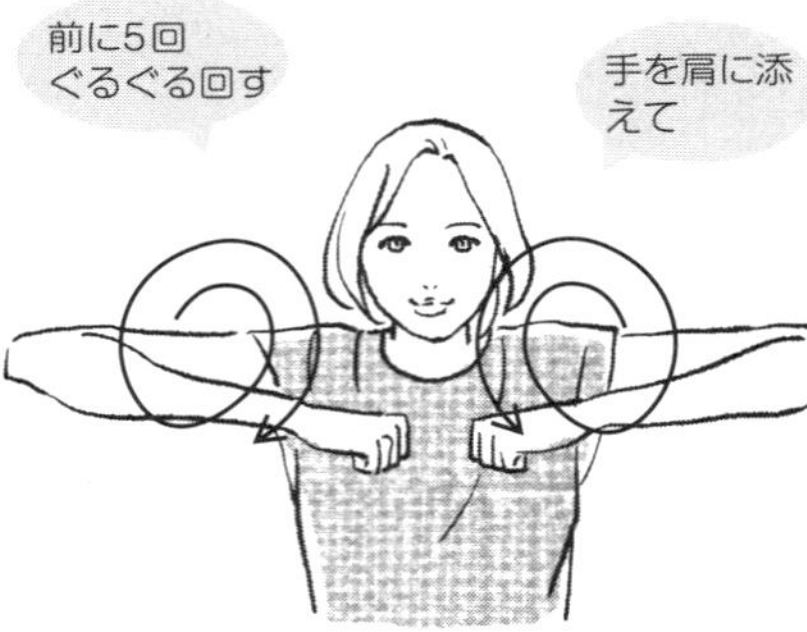
手を肩に添えて
前に5回ぐるぐる回す

②肩を後ろに回す。

後ろに5回ぐるぐる回す
胸がひらくようなイメージ

両肩を上げたり下ろしたりするだけでもいいのですが、回すほうが、より効果的です。よく聞く〝四十肩〟への予防にもなります。

上半身もゆるゆるに③
肩甲骨ストレッチ

・肩や背中のコリをほぐす。
・後ろ姿を美しく整える。

①両腕を上げる。

90°
90°
腕が左右水平になるようにポーズをとる

②両腕を後ろにひらく。

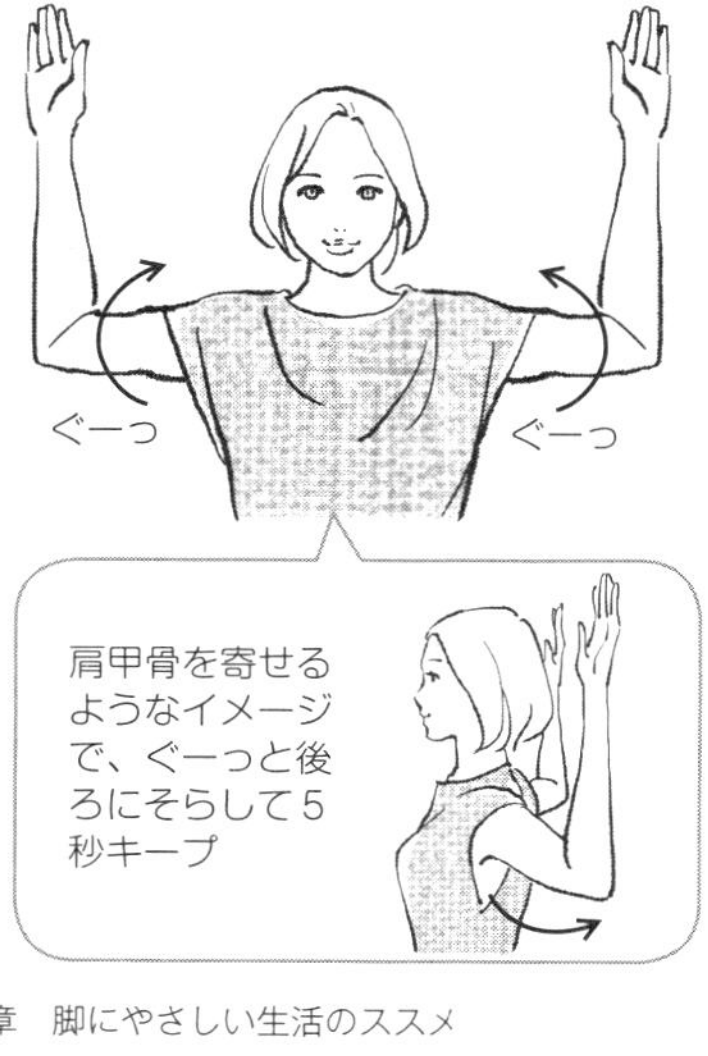
ぐーっ
ぐーっ
肩甲骨を寄せるようなイメージで、ぐーっと後ろにそらして5秒キープ

背すじの弱い人や猫背の人は、とくに肩がこりやすいので、数時間ごとにこのポーズをとって、肩こりをリセットしましょう。

おわりに

ここでもう一度、P16「足ゆびウォーキング」をためしてみましょう。

最初は「足指なんて動かない」「私にはムリ……」と思われた方も、変化を感じているのではないでしょうか。あきらめるのは、もったいないですよ！日々のちょっとした意識・行動で変わることができるのですから。

美脚づくり、ボディづくり、骨格矯正、ウォーキング、ダイエット指導と、美容・健康にたずさわって丸30年が過ぎました。ひと言で30年といっても、それはいろんなことがありましたね～。密度の濃い時間だったと思います。

日々、生徒さんたちからさまざまなお悩みを聞きます。脚のお悩みも少しずつ変わってきているような気がします。

30年前は「太い脚を細くしたい」がダントツでした。その後、「O脚やX脚を矯正したい」「太ももやふくらはぎ、足首を細くしたい」と、より部分的なお悩みに変わり、今では「肩甲骨や腰、股関節のゆがみをとりたい」「骨盤を締めたい」など、骨格バランスのお悩みが増えています。むくみ、冷え、肩こり、代謝が悪いといった症状を訴える方も多くなってきました。

こういったことから、からだの関節が固まって動きが悪くゆがんでいる方がいかに多いかが、わかると思います。

でも、大丈夫です。本書に書かれているエクササイズをひと通り実践すると、どなたでもスムーズに関節が動かせるようになります。もちろん足指もおまかせくださいね。

実際、レッスン生も、個人差はありますが全員が足指だけで歩けるようになりました。早い方ですと、初回から効果が出ています。みなさま汗だくになって、しかも次の日は筋肉痛。ちゃんと使われている証拠ですね。

グループレッスンで、徒競走ならぬ足指歩き競走をしたことがありました。終了時は、みんなで拍手や大笑い。楽しくレッスンすることも大事なんです。

さあ、1日1エクササイズ、1ストレッチでもいいですので、からだに刺激を与えてみてください。少しの時間でも毎日続けることが肝心ですよ！

みなさまのご健闘をお祈りいたします。ありがとうございました。

青春文庫

脚《あし》がスパッ！ときれいになる
「足《あし》ゆび」ストレッチ

2014年10月20日　第1刷

著　者　斉藤美恵子《さいとうみえこ》
発行者　小澤源太郎
責任編集　株式会社プライム涌光
発行所　株式会社青春出版社
〒162-0056　東京都新宿区若松町 12-1
電話 03-3203-2850（編集部）
03-3207-1916（営業部）
振替番号　00190-7-98602
印刷／大日本印刷
製本／ナショナル製本
ISBN 978-4-413-09606-5